블록체인
개념구축

블록체인
개념구축

비트코인, 암호화폐
그리고 그 합의 방식 소개

알조사 주드마이어 · 니콜라스 스티프터 · 카타리나 크롬홀츠 · 에드가 웨이플 지음
CRAS 금융경제 연구소 옮김

Synthesis Lectures on Information Security, Privacy, & Trust 시리즈
에디터 **엘리사 버티노 · 라비 산두**

i!i
에이콘

| 지은이 소개 |

알조사 주드마이어 Aljosha Judmayer

티유 비엔TU Wien에서 소프트웨어 공학과 인터넷 컴퓨팅으로 석사 학위를 받았다. IT 보안 컨설턴트로서 5년 이상 모의 해킹을 수행해왔으며, 현재는 SBA 연구소에서 IT 보안 연구원으로 일하면서 암호화 화폐와 분산 시스템의 복원 측면에 관해 박사 학위 과정을 밟고 있다. 관심 연구 분야는 암호화 화폐 기술과 네트워크 및 시스템 보안이다.

니콜라스 스티프터 Nicholas Stifter

비엔나 공대에서 소프트웨어 공학 학사와 전산 관리 석사 학위를 취득했다. 현재 블록체인 기술과 스마트 계약에 관한 박사 학위 과정을 밟고 있다. 관심 연구 분야는 나카모토 합의, 분산 동의 프로토콜, 분산 시스템 주제에 대한 컴퓨팅 교육이다.

카타리나 크롬홀츠 Katharina Krombholz

오스트리아 비엔나 SBA 연구소에서 보안 관련 박사후 과정을 밟고 있으며, 비엔나 공대와 비엔나 응용 과학 대학 FH 캠퍼스에서 디지털 포렌식에 대해 강의하고 있다. 2016년 뛰어난 성적으로 박사 과정을 수료했으며 사용성 높은 보안, 개인정보, 디지털 포렌식이 주 연구 분야다.

에드가 웨이플 Edgar Weippl

SBA 연구소의 연구 이사며 티유 비엔의 조교수로 재직 중이다. 티유 비엔에서 박사 과정을 마치고 2년간 연구 스타트업에서 일했으며, 벨로이트 대학에서 1년간 강의했다. 2002년부터 2004년까지 소프트웨어 벤더 ISIS 파피루스와 함께 뉴욕, 올버니, 프랑크푸르트 등지에서 컨설턴트로 일했다. 2004년 티유 비엔에 합류해서 아 민 토아[A Min Tjoa], 마르크스 클레멘[Markus Klemen]과 함께 SBA 연구소를 설립했다. 「Computers & Security(COSE)」(Elsevier)의 편집위원이며, ARES 콘퍼런스를 조직하고 SACMAT 2015, 에소릭스[Esorics] 2015, ACM CCS 2016의 의장을 역임했다.

| 감사의 글 |

이 연구는 COMET K1, FFG-오스트리아 연구 진흥원의 지원을 받았다. 이 책의 감수를 맡아준 포테니 발디므츠[Foteini Baldimtsi], 패트릭 맥코리[Patrick McCorry], 원종호[Jong Ho Won]에게 감사한다.

알조사 주드마이어, 니콜라스 스티프터, 카타리나 크롬홀츠, 에드가 웨이플
2017년 5월

| 옮긴이 소개 |

CRAS 금융경제 연구소(craslab@daum.net)

머신 러닝과 통계, 블록체인에 기반한 금융 분석과 인공지능 기반의 핀테크 기법을 연구하는 곳이다. KAIST 전산학과 계산이론 연구실에서 학사와 석사 학위를 취득한 이병욱 대표가 이끌고 있으며, 핀테크 관련 새로운 기술 개발은 물론 다양한 분야의 책을 저술하고 번역하며 세미나 및 강연을 겸하고 있다. 대표적인 저서나 번역서로는 에이콘출판사에서 출간한 『비트코인과 블록체인, 탐욕이 삼켜버린 기술』(2018), 『머신 러닝과 통계』(2018), 『파이썬으로 배우는 금융 분석 2/e』(2017), 『웹을 위한 머신 러닝』(2017), 『R을 활용한 머신 러닝 2/e』(2017) 등이 있다.

| 옮긴이의 말 |

블록체인 기술의 가장 핵심 중 하나는 탈중앙화 시스템에서의 합의 문제로 요약할 수 있다. 흔히 '나카모토 합의'로도 불리는 비트코인 내의 합의 기법은 블록체인이 어떠한 상황에서도 항상 일치된 상태를 유지하도록 해주는 가장 주요한 요소다.

이 책은 비트코인과 암호화폐의 전반적인 역사를 소개하면서 비트코인 시스템 내부 알고리즘을 분석해준다. 그리고 분산 시스템 내에서 지금까지 연구돼온 거의 모든 합의 알고리즘을 살펴보고, 각종 관련 문헌을 안내해준다. 이를 통해 무려 150여 개에 달하는 참고 문헌을 접할 수 있으므로, 분산 시스템의 합의 문제를 일목요연하게 정리할 수 있다. 블록체인 기술과 함께 그 핵심인 합의 문제에 관심이 많은 개발자라면, 누구나 곁에 두고 꾸준히 참고할 수 있는 책이다.

| 차례 |

| 들어가며 |

흔히 블록체인이라 불리는 암호화 화폐와 합의 원장이라는 새로운 영역은 다양한 커뮤니티에서 점점 주목받고 있다. 다양한 전공, 스타트업, 대기업, 공무원, 은행, 금융 감독 기관, 사업가, 투자가, 심지어 범죄자들까지, 기술적 신봉자는 물론 단체, 연구원 등 실로 그 분야는 광범위하다. 과학 기술 집단은 떠오르는 신기술인 암호화 화폐와 합의 원장에 대해 상대적으로 느리게 적응하고 있는 편에 속한다. 오랜 기간 내내 자료라고는 고작 비트코인 소스나 블로그, 포럼의 글들, 메일링 리스트, 온라인 출간물 등이 전부였던 것이 그 이유 중 하나다. 또 이런 열기를 촉발한 비트코인의 원논문이 동료 검토^{peer-review}를 거치지 않은 채 온라인에만 발표됐던 점도 이런 현상을 부추겼다. 비트코인 논문의 본래 정신을 이어받아 이 분야에서 반복적으로 여러 커뮤니티를 통해 수많은 혁신을 이뤘지만, 이 또한 과학 기술 논문들과는 다르게 동료 검토를 거쳐 발표된 것이 아니라 여전히 온라인상의 게시 글이나 토론 등을 통해 발표되고 있는 실정이다. 한편으로 이런 급속한 무료 소프트웨어의 개발 정신은 암호화폐라는 사업 측면과 결합해 즉시성이 중시되는 최근의 경향에 따라 시중에는 온갖 책, 기술 백서, 프로토타입들이 넘쳐나고 있다. 이런 흐름으로 인해 체계적이지 않아, 이 분야의 실제적 활용과 그 이론적 이해 사이에 괴리가 커졌다. 이 책은 이와 같은 괴리를 줄이고 이 광범위한 내용을 기술적 측면에서 체계적인 방식으로 설명하고자 한다. 암호화 화폐와 합의 원장의 최신 원형은 비트코인과 그 기저 합의 방식인 나카모토 합의라 할 수 있다. 따라서 이 프로토콜의 내부 작동 원리를 상세히 살펴보고 이로부터 파생된 여러 시스템에 대해서도 알아보자.

키워드

블록^{block}, 체인^{chain}, 블록체인^{blockchain}, 비트코인^{Bitcoin}, 암호화 화폐^{cryptographic currency}, 작업 증명^{Proof-of-Work}, 나카모토 합의^{Nakamoto consensus}, 합의 원장^{consensus ledger}

| 고객 지원 |

한국어판의 정오표는 에이콘출판사 도서정보 페이지 http://www.acornpub.co.kr/ book/blocks-chains에서 찾아볼 수 있다.

한국어판에 대해 문의할 점이 있다면 에이콘출판사 편집 팀(edit@acornpub.co.kr)으로 연락 주길 바란다.

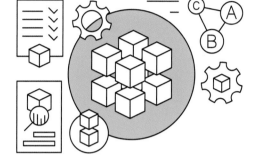

서론

2008년과 2009년 즈음 비트코인이 탈중앙화 암호화폐로 등장하고 나서 암호화폐 분야는 급속히 성장했다. 비트코인과 동일하거나 비슷한 기본 원리에 기반을 둔 이 기술들은 통상 블록체인이라 불린다. 블록체인이라는 용어는 사토시 나카모토의 원 논문[117]에서 사용된 것이 아니라 비트코인의 초창기 커뮤니티 내에서 암호화폐 개념과 관련된 특정 부분을 지칭하기 위해 사용되기 시작한 것이다. 그 결과 이 용어에는 크게 두 가지 다른 표기법이 존재한다. 하나는 '블록체인^{blockchain}'이고 다른 하나는 '블록 체인^{block chain}'이다. 즉 띄어쓰기의 유무에 따라 구분된다. 원 논문에 대한 사토시 나카모토의 코멘트[1]에서는 띄어쓰기를 사용한 표기를 썼지만, 여러 기사나 최근의 학술 논문 등[50]에 띄어쓰기를 하지 않는 표기를 더 빈번히 사용하게 되면서 현재는 띄어쓰기를 하지 않는 것이 정식 고유명사 표기로 굳어진 셈이다. 이에 따라 이 책에서도 띄어쓰기를 하지 않고 '블록체인'이라 표기하기로 한다. 요즘은 블록체인이 암호화폐 기술과 관련된 여러 개념을 통칭하는 상위 개념의 용어

---

1   https://github.com/trottier/original-bitcoin/blob/master/src/main.h#L795-L803

처럼 쓰이기도 한다. 이 책의 목적 중 하나는 이러한 용어의 혼란을 잠재우고 분산 암호화폐와 그 기저 기술, 합의 기제 등 이 분야를 둘러싼 여러 기술에 대해 제대로 소개하는 것이다.

현재까지 700개가 넘는 암호화폐가 개발됐다[1]. 그중 일부는 수명이 짧거나 단순히 사기를 목적으로 한 것도 있지만, 나름대로 추가적인 혁신을 통해 왕성하고 여전히 활기찬 커뮤니티를 형성하고 있는 것도 있다.

대부분 암호화폐의 기반 기술은 상당 부분 원래 비트코인의 프로토콜로부터 파생된 것이다. 그중 일부는 단순히 비트코인의 몇 가지 특성(예컨대 블록 생성 시간이나 최대 암호화폐 발행량 등)만 바꿔 만들어지기도 했다. 어떤 것들은 작업 증명이 아닌 다른 방식을 사용하기도 하고(예: 라이트 코인^{Litecoin}[129], 도지코인^{Dogecoin}[128]), 추가적인 특징을 구현하기도 하며(예: 네임코인^{Namecoin}[2], 이더리움^{Ethereum}[66], 지캐시^{Zcash}[64]), 다른 분산 합의 방식을 사용하기도 한다(예: 피어코인^{PeerCoin}[96], 리플^{Ripple}[133]).

비트코인이 등장하고 난 최근 몇 년 사이에 탈중앙화 암호화폐는 놀라울 만한 경제적 가치로 성장했고 현재 시장 자산 가치는 170억 달러에 이른다.[2]

비트코인은 단지 뉴스거리에 그치기만 한 것이 아니라 기술 신봉자로부터 사업가, 투자가, 범죄자, 사법 당국에 이르기까지 여러 다른 커뮤니티로부터 이목을 집중시키게 됐다.

보안 사건을 주로 다루는 주요 매체의 기사들이나 비트코인을 둘러싼 흔한 오해는 비트코인의 기반 기술은 비전문가들이 이해하기에 난해하다는 것과 전통적 화폐 체계의 심적 모형$^{mental\ model}$과는 맞지 않는다는 것이다.

비트코인은 제3자에 의존하지 않는 탈중앙화 암호화폐를 위해 설계됐다. 비트코인이 이 목적을 달성한 방식은 스마트한 인센티브 공학과 적절한 암호화 기반 시술을 새로운 확률 분포 합의 기법을 통해 병합한 것이다. 이러한 조합과 함께 그 가능성을 실질적으로 보여준 부분은 앞으로 이 기술이 암호화폐 이외의 분야에서도 중대한 쓰임새가 있을 것이라

---

2   이 시세는 변동성이 매우 커서 책을 읽는 시점에 따라 크게 다를 수 있다.

는 잠재력을 보여줬다. 이러한 가능성은 점진적으로 과학 커뮤니티의 주목을 받게 됐고 분산 이름 공간[name space], 보안 타임스탬프 등 분산 시스템의 다른 보안 문제들과 연계되기도 한다.

이러한 환경들은 여러 분야의 연구원들에 의해 비트코인을 금융 상품으로 받아들이는 데 여러 흥미로운 실험을 제공해주기도 한다. 보노[Bonneau]와 동료들[27]은 다음과 같이 말하기도 했다.

> "비트코인은 이론보다 실제가 앞선 보기 드문 경우다. 비트코인에 관련된 여러 미결 문제들과 씨름하다 보면 연구 분야에서 놀라운 기회를 찾을 수도 있다고 본다."

그러므로 블록체인이라 불리는 그 기반 기술의 사용은 과학 문헌에서 점진적으로 다뤄지게 되고 점점 더 많은 소비자 응용프로그램이 적용되고 있다. 그러나 민간 부분은 물론 학문적 관심이 고조되고 있음에도 불구하고 여전히 시스템의 성능과 확장성, 보안, 탈중앙화, 익명성 등의 균형을 찾는 일은 해결해야 할 과제로 남아있다.

1.1 암호화폐의 측면

암호화폐는 여러 측면을 가지고 있어서 다양한 각도로 바라볼 수 있다. 예컨대 금융 경제적 측면, 법률적 측면, 정치 사회적 측면, 기술적 측면, 사회 기술적 측면이 있을 수 있다. 상당히 다른 이러한 시각들은 좀 더 세분화할 수도 있다. 예를 들어 기술적 측면을 (전부는 아니더라도) 몇 가지만 세분해보면 암호학, 네트워크와 분산 시스템, 게임 이론, 데이터 과학, 그리고 소프트웨어와 언어 보안 등으로 나눌 수 있다. 이 책에서는 이 넓은 분야를 이해하기 위해 **기술적 측면**에 집중한다. 그렇게 함으로써 암호화 화폐를 채택하는 데 핵심이 되는 인간-컴퓨터 상호작용(HCI)과 사용성 보안[usable security]을 알아볼 수 있고, 이 부분은 암호화 화폐가 제공할 수 있는 전반적인 보안 레벨과 연계돼 있다.

1.2 암호화폐 커뮤니티

암호화 화폐 커뮤니티는 암호화폐 주제만큼 다양하다. 암호화폐란 그 이름에서 알 수 있듯 화폐처럼 사용하기 위한 것이다. 그러므로 암호화폐는 다양한 분야의 사람들을 끌어들이는데 기술 신봉자, 사업가, 투자가, 공상가, 연구원, 사이퍼펑크^{cypherpunks3}, 자유주의자, 공공 단체, 정책 입안자, 금융 감독 당국, 은행은 물론 익명성을 제거하는 수사 기법이 한참 뒤처져 있다는 점을 악용하려는 범죄자들까지 있다.

그와 대조되게 비트코인류의 암호화폐가 가진 분산 특성은 독재 정권하에 있는 정치 운동가나 개인으로 하여금 정치적 탄압을 피할 수 있는 디지털 자산의 수단으로서 선호되기도 한다.

이러한 점은 탈중앙화 화폐가 이러한 국가에서 어떤 역할을 할 수 있는지 잘 보여주는 예이기도 한다. 비트코인 커뮤니티는 신뢰받는 특정 집단으로의 종속을 피하려는 강한 공통 열망을 갖고 있음에도 불구하고, 이렇듯 자유분방한 구조와 다양한 분야의 사람들이 모여 있음으로 인해 종종 비트코인의 기술적 발전에 대한 의견을 모으는 데 이해관계가 상충함으로써 한 방향으로 의견을 모으기 힘들게 되기도 한다. 이 책에서는 현재 진행 중인 논쟁들(예: 최대 블록 크기 등)에 대해 어떠한 의견을 제시한다기보다 중립적으로 사실에 기반해서 전반적인 주제를 소개한다.

사토시 나카모토 원 논문이 추구하는 정신에 따라, 이 분야의 많은 논문들은 과학 저널이나 콘퍼런스에 발표되기 전에 자신이 직접 발표하거나 온라인에 사전적으로 공개되고 있다. 그러므로 이 책에서도 많은 참고 문헌들은 동료 검토를 마치고 발표되기 전의 온라인 자료나 사전 자료를 참고한 것이다. 이 책에서 인용된 모든 도서들은 저자들이 운영하고 있는 공개된 참고 문헌 목록⁴에서 찾아볼 수 있다.

---

3   사회와 정치의 변화를 위해, 개인정보 보호를 위해 암호화를 신봉하는 사람들을 일컫는 신조어다. - 옮긴이

4   https://allquantor.at/blockchainbib

1.3 암호화폐에서 블록체인까지

암호화 화폐 또는 암호화폐 분야의 초창기 연구들은 대부분 시스템상에서 구현 가능한 개인정보 보호의 보장과 이에 필요한 암호화 기본 기능들에 집중돼 있다[41, 42, 43]. 이 때문에 이 시스템들은 그 자체로 신뢰받는 제3자(TTPs^{Trusted Third Parties})에게 작동의 정확성을 의존할 수밖에 없었다. 이 필요성은 2009년 비트코인이 처음으로 탈중앙화 분산 화폐를 구현[117]해 TTPs에 대한 의존성을 없앰으로써 같이 사라지게 됐다. 비트코인은 잘 알려진 기존의 여러 기본 기능들, 예컨대 작업 증명^{Proof-of-Work}(PoW)이나 기저 트랜잭션 원장에 대한 궁극적 동의(혹은 합의) 등을 새롭게 조합해 이 목적을 달성했다. 나카모토 합의[27]로 이름 지어진 이 합의 기법을 통해 잠재적으로 익명인 참여자들에 의한 '비허가 방식^{permissionless}'의 참여가 가능해진 것이다.

비트코인과 나카모토 합의의 핵심 요소 중 하나가 바로 블록체인이다. 원래 블록체인은 비가역적 원장에 트랜잭션을 종합하고 동의하는 것을 일컫던 용어다. 이제 블록체인은 모든 암호화폐 기술을 일컫는 포괄적 용어처럼 사용되고 있다. 이러한 기술과 기법의 집합들을 보통 블록체인 기술이라 부르기도 한다[32]. 비록 블록체인이란 용어는 통상 잘 정의돼 있지 않지만, 합의에 참여하기 위해 비허가 방식 블록체인과 허가를 받은 노드들만 합의에 참여하도록 한 허가 방식(이 정의는 명확한 조건이라기보다는 최소한의 조건 정도로 생각할 수 있다.) 블록체인으로 구분해볼 수 있다. 블록체인에 대한 더 자세한 정의는 이 책의 4.2.2절을 참고하라.

1.4 돌-블록-체인으로의 비유

초보자들, 특히 기술적 배경이 없는 사람들에게 비트코인을 비롯한 다른 블록체인 기반의 암호화폐를 효과적으로 설명하기란 쉽지 않다. 비트코인이 도입한 기술적 혁신과 새로운 접근 방식을 설명하려면 합의 알고리즘이나 암호화 같은 복잡한 구성 요소를 먼저 설명해야 하기 때문이다.

이 절에서는 기술적 배경 지식이 없는 사람들에게 블록체인 기술의 기초 작동 방식을 설명하기 위한 유용한 방식으로서 순전히 비유만을 통해 설명을 제시한다. 돌-블록-체인 stone-block-chain 예제를 통해 자세하고 정교하지는 못하더라도 비트코인의 복잡한 요소들을 실생활에 비유해 기본 아이디어를 쉽게 설명한다. 이 비유를 통해 실용적인 측면과 함께 블록체인 기반 암호화폐의 기본 원칙을 보여줄 수 있다.

나카모토피아 Nakamotopia: 아주 먼 곳에 나카모토피아라 불리는 석기 시대 촌락이 있다. 이곳 사람들은 석공예 기술로 유명한데, 대부분 돌 블록에 대한 강한 집착을 가지고 있다. 최근까지도 이곳 사람들은 작고 둥글며 정교하게 조각된 바위를 화폐 및 교환 매개수단으로 사용하고 있었다. 그러다 최근에 어떤 교활한 자가 돌을 쉽고 빠르게 조각할 수 있는 방법을 개발하게 되자 초인플레이션 상태처럼 화폐의 가치와 신뢰도가 급격히 떨어지게 됐다. 새로운 화폐가 절실히 필요하게 되자 마을 원로들은 나카모토피아의 미래 금융 시스템에 대해 논의하고자 긴급 회의를 소집했다. 회의를 통해 찾은 해법은 나카모토피아 사람들의 돌 블록에 대한 집착과 복권 시스템의 매력을 결합한 '돌-블록-체인'이라 불리는 기발한 방식의 아이디어였다. 이에 따라 다음의 세 가지 단계가 고안됐고 나카모토피아 사람들은 이를 '블록 생성 의식'이라고 불렀다.

채굴자 선정: 나카모토피아 사람들은 매일 광장에 모인다. 블록 생성 의식의 첫 부분은 모든 사람들이 자신의 이름을 새긴 작은 돌을 나무 상자에 집어넣는 것이다. 이때 마을의 다른 사람들은 각자가 정직하게 자기의 이름을 새긴 돌을 하나씩만 집어넣는지 지켜본다.

그다음 이 상자는 마을 부근의 간헐천으로 이뤄진 온천 지대로 옮겨진다. 선택 의식이 진행되는 동안, 마을 사람들은 모두 간헐천이 증기를 내뿜어서 상자 안에 담긴 돌을 하늘 높이 솟구치게 한 다음 이리저리 흩어지게 할 때까지 기다린다. 간헐천으로부터 가장 가까이 떨어진 돌의 주인이 이 복권의 승자가 되고 다음 블록의 채굴자로 선정된다.

그림 1.1 나카모토피아 사람들이 간헐천을 이용해 채굴자를 선정하는 의식

거래 내역 처리: 그날의 채굴자로 선정된 사람은 아직 기록되지 않은 마을 내 모든 거래 내역을 수집해야 한다. 거래 내역을 처리하고 싶은 마을 사람들은 모두 채굴자 앞에 한 줄로 늘어서서 돌-블록-체인에 거래 내역을 포함시켜 달라고 채굴자에게 부탁한다. 거래 내역은 한 사람에게서 다른 사람에게로 일정량의 화폐가 이전되는 것으로, 건네는 사람이 받는 사람에게 이전하려는 금액보다 더 많은 화폐를 가진 경우에만 유효하다. 이 규칙에는 단 하나의 예외 조항이 있는데, 바로 채굴자로 선정된 사람에게는 사전에 미리 정해진 화폐를 채굴에 대한 보상으로 지급한다는 거래 내역을 블록에 가장 먼저 기록하는 일이다. 이 특별한 채굴자 거래 내역은 새로운 화폐가 탄생하는 유일한 방법이기도 하다. 이 의식이 끝나면 새로운 돌 블록에는 채굴자가 결정한 모든 트랜잭션이 기록된다. 돌 블록의 나머지 공간은 의식의 종료를 알리는 심볼인 0x00로 채워서 더 이상의 트랜잭션이 기록되지

못하게 한다(즉 나중에 몰래 기록하지 못하게 막는다). 누군가 돌 블록 표면을 문질러 닦아 기록을 없앤 후 완전히 새로운 거래 내역을 새기려 한다면 이는 즉시 발견된다. 모든 블록이 정확히 같은 크기를 가져야 하기 때문이다. 선정된 채굴자는 전체 과정 중에서 특정 거래 내역을 포함시키지 않을 권리가 있다. 이런 일이 발생한다면 해당 거래 내역을 돌-블록에 포함시키고 싶은 사람은 그다음 날까지 기다렸다가 다시 거래 내역을 포함시키기 위해 부탁해야 한다.

그림 1.2 빈 돌 블록에 거래 내역을 새겨 넣어 처리하는 의식

체인 만들기: 채굴자가 현재의 돌 블록 준비를 마치면 이 돌은 마을 중앙으로 옮겨지게 된다. 이 돌 블록은 엄청나게 크고 무겁기 때문에 이 돌 블록을 옮기려면 많은 마을 사람들

이 서로 협동해야 한다. 만약 채굴자가 유효하지 않은 거래 내역을 새기거나 규칙을 따르지 않은 돌 블록을 만들었다면, 마을 원로들에 의해 발각됐을 것이며 정직한 마을 사람들은 채굴자가 블록을 옮기는 것을 도와주지 않을 것이다.

이 과정으로 인해 채굴자는 규칙을 준수해야 하며, 이로써 채굴 보상금을 얻을 수 있게 된다. 돌 블록이 마을 사람들에 의해 마을 가운데로 옮겨지고 나면 이전 돌 블록들 위에 탑을 쌓듯 쌓아 올린다. 이렇게 돌 블록이 최상단에 쌓이고 나면 비로소 나카모토피아 사람들은 이 돌 블록에 기록된 내역들을 정식으로 인정하게 된다.

돌 블록을 쌓아 올림으로써 얻게 되는 몇 가지 장점이 있다. 우선 거래 내역의 논리적 순서가 만들어지며, 과거에 만들어진 블록을 변경하는 것이 점점 더 힘들어지게 된다. 공격자는 대다수 마을 사람들을 설득해서 상단에 있는 블록부터 하나씩 다시 내려야 하는데, 이렇게 하려면 엄청난 양의 시간과 노력이 필요하고 다른 정직한 마을 사람들이 금방 발견하게 될 것이다. 한편 대다수 마을 사람들이 몇 개의 블록이 체인의 꼭대기에 있어서는 안 된다고 동의한다면, 힘을 합쳐 이 블록들을 제거한 후 다른 것으로 대체할 수 있다. 이렇게 함으로써 다수는 항상 돌-블록-체인의 내용에 대해 합의에 이를 수 있다.

1.4.1 돌-블록-체인의 보안 모델

이제 이 돌-블록-체인이 어떤 식으로 보안을 보장하는지, 또 이 비유가 현재 암호화 화폐 기술의 어떤 성질과 연계돼 있는지 살펴보자.

공개 거래 내역 원장: 나카모토피아 사람들의 모든 거래 내역이 비트코인에서는 공개적으로 접근 가능한 블록들의 체인에 기록된다. 주된 차이는 나카모토피아 사람들은 실물의 돌 블록을 사용했지만 비트코인은 가상의 시스템을 사용했다는 점이다.

작업 증명 Proof-of-Work**:** 작업 증명의 기본 요구 사항은 만들기는 무척 힘들지만 증명하기는 매우 쉽게 하는 것이다. 비트코인에서는 PoW가 새로운 지도자를 뽑는 지도자 선출 기능을 수행한다. 즉 매번 새로운 블록마다 유효한 PoW를 생성한 자를 뽑는 것이다.

돌-블록-체인 비유에서 작업 증명 성질은 세 가지 부분으로 나뉜다. (I) 빈 블록에 조각을 해야 하는 작업과 마을 중앙에 쌓인 돌 블록 탑 최상단에 다시 쌓는 것은 '매우 힘든 일'이다. (II) 일단 블록이 돌-블록-체인 상단에 쌓이면 돌 블록에 새겨진 거래 내역을 읽고 증명하는 것은 어렵지 않다. 또 돌 블록도 그 크기를 측정해보면 규칙을 잘 지켜서 제작된 것인지 쉽게 알아낼 수 있다. (III) 예제의 간헐천은 매번 돌-블록이 준비될 때마다 랜덤으로 지도자를 선출하는 방식이다. 비트코인에서는 블록의 유효한 PoW를 계산하는 확률적 성질에 의해 진행된다.

불변성immutability： 모든 돌 블록은 거대하고 크기가 정교하게 정해져 있으므로 아무도 눈치채지 못하게 이전 돌 블록을 체인에서 변경시키기는 매우 힘들다. 누군가 악의적 거래 내역을 포함한 완전히 새로운 돌 블록을 간신히 만들어냈다 하더라도, 이전 블록을 치우고 이 돌 블록으로 대체하려면 마을 광장 근처에 사는 사람들에 의해 발각될 수밖에 없을 뿐더러 실제 실행을 위해서도 정직하지 못한 수많은 나카모토피아 사람들을 모아야 한다.

비트코인에서는 블록이 암호화 해시 함수에 의해 서로 연결된다.

정직한 다수: 마을 사람 대다수가 정직하다고 가정하면 블록의 체인들 대부분은 정직한 마을 사람들에 의해 쌓였을 것이고, 악의적인 마을 사람들이 내용을 바꿀 수 있는 위협은 궁극적으로 사라질 것이다. 초기에는 체인에 갓 쌓인 최상단 블록들이 악의적인 마을 사람들에 의해, 정직한 사람들이 다른 긴급 사항에 정신이 없는 틈을 타서 바꿔치기를 시도할 가능성이 약간은 존재한다. 그러나 대다수의 정직한 마을 사람들이 다시 정신을 차리고 이를 알아차린 다음에는 유효하지 않은 블록을 제거하고 제대로 된 블록으로 대체할 것이다. 반면 소수의 부정직한 마을 사람들이 돌을 제거하거나 다른 돌을 쌓으려 하면 양쪽 시도 모두 정직한 다른 마을 사람에 의해 발각될 것이다. 특정 블록 위에 충분한 수의 새로운 돌 블록이 쌓이면 악의적인 마을 사람들이 이 돌을 다 치우는 데 며칠 걸릴 것이고 상대적으로 성공하기가 쉽지 않다. 그러므로 이전에 작성된 돌 블록일수록(즉 체인 아래쪽의 블록들) 더 확실히 합의된 것이라 볼 수 있다.

확인^{confirmation} 개수가 많은(즉 블록 생성 후 새로 추가된 블록들 수) 비트코인 블록들일수록 변경될 가능성이 낮고, 따라서 더 확실히 합의된 것으로 볼 수 있다. 필요한 블록의 확인 개수는 거래 금액에 따라 조금 다르지만 대체로 여섯 개의 확인 정도면 이전 거래 내역이 안전한 것으로 여겨진다[69].

1.5 이 책의 구성

이 책의 나머지 부분은 다음과 같이 구성된다. 2장에서는 표기법과 몇 가지 정의에 대해 간단히 소개하고, 3장에서는 비트코인 발명의 초석이 된 암호화폐의 역사를 간단히 알아 본다. 4장에서는 현대의 분산 작업 증명 방식 암호화폐의 전형이 된 비트코인에 대해 알아 보고 블록체인의 기본 성질과 분산 원장 기술에 대해 조명해본다. 5장에서는 비트코인 예 제를 통해 암호화폐 생태계와 인간의 상호작용을 살펴본다. 이를 통해 디지털 자산 관리 영역의 도전 과제를 살펴보고 비트코인의 사용성, 개인정보 그리고 사용자 관점의 안전성 에 대해 알아본다. 6장에서는 분산 결함 허용 컴퓨팅 관점에서 나카모토 합의를 설명하고 이 새로운 합의 기법을 모델링하는 개발 과제를 살펴본다. 7장에서는 암호화폐의 미래 개 발에 대한 전망을 소개하고 블록체인 기술의 다른 응용에 대해서도 논의한다. 또한 공개된 참고 문헌 목록⁵을 제공함으로써 독자들이 이 책에서 다룬 것 이상의 내용을 찾아볼 수 있 도록 했다.

---

5   https://allquantor.at/blockchainbib

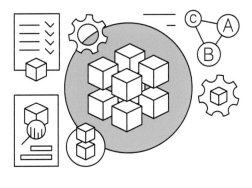

2

배경

이 장에서는 암호화폐 기술에 요구되는 암호화 기본 기술에 대한 상위 개념을 개괄할 뿐만 아니라 이 책 전반에 걸쳐 사용되는 심볼과 표기법을 설명한다. 분산 결함 허용^{fault tolerant} 컴퓨팅의 배경에 대해서는 6장에서 알아본다.

2.1 암호화 기반 기술

이 절에서는 현 **PoW** 기반 암호화폐의 기본 원리를 이해하기 위해 필요한 암호화 기본 기술의 윤곽을 소개한다. 상위 개념에서 이 개념을 설명할 수 있는 두 가지 기반 기술은 암호화 해시 함수와 비대칭 암호화 기법이다.

2.1.1 암호화 해시 함수

PoW 기반 암호화폐에서 가장 중요한 기본 기술은 암호화 해시 함수다. 따라서 이러한 함수의 기본 성질과 함께 암호화 해시 함수에 기반을 둔 머클 트리^{Merkle tree} 같은 구성 요소에 대해서도 알아본다. 기본 성질을 설명하는 동안 시스템의 보안 이슈에 대해서는 자세히 다루지 않을 것이다.

해시 함수: 해시 함수 H는 임의의 유한한 길이를 가진 메시지 x를 입력으로 받아 고정된 길이의 해시 h(다이제스트^{digest}라고도 부른다.)를 반환한다. 별다른 설명이 없다면 이 책에서는 해시 함수라 하면 곧 암호화 해시 함수를 의미한다.

암호화 해시 함수: 해시 함수가 다음 네 가지 성질을 모두 만족하면 특히 암호화 해시 함수[106]라고 부른다.

1. **계산의 용이성**: 주어진 유한한 길이의 입력 메시지에 대해 해시를 계산하기가 용이해야 한다.

$$h = H(x), \text{ 여기서 } h\text{는 고정된 길이} \tag{2.1}$$

2. **원상 회피**$^{Pre\text{-}image\ resistance}$: 해시 값으로부터 원래의 상을 복원하는 것이 불가능해야 한다. 메시지의 보안이 중요한 만큼 상대방이 복원할 수 없어야 한다. 복잡성 이론$^{complexity\ theory}$의 용어로 표현하면, 다항^{polynomial} 시간 내에 해결할 수 없는 것으로 정의할 수 있다. 이러한 성질로 인해 암호화 해시 함수는 일방향 함수라고도 불린다.

$$\text{해시 } h\text{가 주어질 때 이로부터 } h = H(x)\text{를 만족하는} \\ \text{원래의 메시지 } x\text{를 찾는 것은 불가능하다.} \tag{2.2}$$

3. **두 번째 원상 회피**$^{Second\ pre\text{-}image\ resistance}$: 주어진 메시지 m에 대해 동일한 출력 결과를 생성하는 또 다른 메시지를 찾는 것은 불가능하다. 즉 충돌은 불가능하다.

$$\text{주어진 메시지 } m\text{에 대해 다음을 만족하는} \\ \text{또 다른 메시지 } m'\text{를 찾는 것은 불가능하다.} \tag{2.3} \\ m \neq m'\text{면서 } H(m) = H(m')$$

4. **충돌 회피**^{Collision resistance}: 동일한 출력 결과를 생성하는 서로 다른 두 메시지를 찾는 것은 불가능하다. 즉 충돌은 불가능하다.[1]

$$\text{다음을 만족하는 두 메시지 } m\text{과 } m'\text{를}$$
$$\text{찾는 것은 불가능하다.} \tag{2.4}$$
$$m \neq m'\text{면서 } H(m) = H(m')$$

머클 트리: 논문[107]에서 머클^{Merkle}은 '일회용 서명의 무한 트리^{infinite tree of one-time signature}'에 기반을 둔 일회용 서명 개념에 대해 소개했다. 이 기저 개념은 이후 머클 트리, 해시 트리 또는 인증 트리[106]로 불리게 됐다. 머클 트리는 이진 트리로서 잎 노드는 인증하려는 값이 레이블이 되고, 잎 노드가 아닌 모든 노드는 자식 노드의 레이블 또는 값의 해시가 레이블이 된다. 그림 2.1은 $n = 4$인 경우의 루트 해시(또는 머클 트리 루트 r)를 보여준다. 값 v_1을 인증하고 이것이 루트 해시 r의 일부임을 증명하려면 h_2와 h_6 값이 필요하다. 머클 트리에 대해 더 자세히 알고자 하면 [14]를 참고하라.

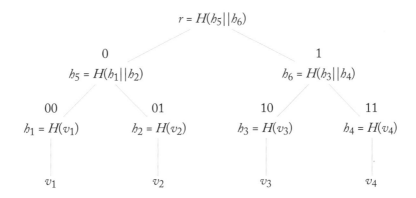

그림 2.1 $n = 4$인 머클 트리 예. 노드들은 위치를 나타내는 이진 값으로 나타나 있다. 예를 들어 노드 01은 h_2로 레이블돼 있다.

---

1 3과 4는 모두 충돌 회피를 의미하고 있는데 그 차이점은 다음과 같다. 3의 경우 메시지 x가 주어졌을 때 충돌을 일으키는 x'를 찾는 것이지만, 4의 경우 애초에 충돌이 일어나는 쌍 (x, x')를 찾는 것을 의미한다. – 옮긴이

이러한 트리 구조의 몇 가지 특징은 다음과 같다.

- n개의 잎 노드를 가진 (균형balanced) 이진 트리에서 모든 잎 노드로부터 (균형) 루트 노드까지의 경로 길이는 대략 $\log_2(n)$이다.
- 루트 해시 r과 값 v가 주어지면 v가 이 (균형) 이진 트리에 정말로 속하는지 알아보기 위해서는 대략 $\log_2(n)$번의 해시 계산이 필요하다.[2]

2.1.2 비대칭 암호화 기법

암호화 화폐의 기반이 되는 두 번째 주요 기술은 바로 비대칭 암호화 기법이다. 암호화 화폐 기술은 대부분 잘 연구돼온 알고리즘과 매개변수에 기반하고 있으므로(예를 들어 비트코인은 Secp256k1[38]을 사용한다.) 이 연구의 저변 분야 측면에 대해서는 자세히 논하지 않는다.

이 절에 관련된 좀 더 자세한 내용과 수학적 기반은 [6, 26, 28, 46, 86, 89, 91]을 참고하라.

공개 키 암호화: 공개 키 암호화 기법은 세 가지 효율적 알고리즘 $\mathscr{E} = (G, E, D)$로 정의할 수 있다.

- G는 키 생성 알고리즘으로 입력은 없으며 한 쌍의 키 (pk, sk)를 출력한다. 여기서 pk는 공개 키라 부르며 공개적으로 공유되고, sk는 비밀 키라 부르며 개인적으로 보관해야 한다.

$$(pk, sk) \leftarrow G() \tag{2.5}$$

- E는 암호화 알고리즘으로 공개 키 pk와 메시지 $m \in \mathcal{M}$을 입력으로 받아 상대방의 공개/비밀 키 쌍(pk, sk)과 연계된 공개 키 pk를 사용해 암호화된 암호문 $c \in \mathcal{C}$를 출력한다.

$$c \leftarrow E(pk, m) \tag{2.6}$$

---

2 비트코인에 사용된 머클 트리는 완전 균형 이진 트리다. 즉 좌우가 완벽한 대칭이다. 항상 짝수여야 하고, 잎 노드가 홀수인 경우 잎 노드를 복제해서 짝수로 만든 후 균형 이진 트리로 만든다. – 옮긴이

- D는 (결정적^{deterministic}) 복호화 알고리즘으로서 입력으로 비밀 키 sk와 암호문 $c \in \mathcal{C}$를 받은 다음 sk와 연계된 pk로 암호화됐던 메시지 $m \in \mathcal{M}$을 출력하거나 키가 잘못됐을 경우 $\perp$를 출력한다.

$$m \leftarrow D(sk, c) \tag{2.7}$$

G의 모든 $\forall(pk, sk)$에 대해 각각의 연산을 되돌릴 수 있으면 다음이 성립한다.

$$\forall m \in \mathcal{M} : D(sk, E(pk, m)) = m \tag{2.8}$$

디지털 서명: 디지털 서명은 세 가지 효율적인 알고리즘 $\mathcal{S} = (G, S, V)$로 정의할 수 있으며, 그 의미는 다음과 같다.

- G는 키 생성 알고리즘으로 입력은 없으며 한 쌍의 키 (pk, sk)를 출력한다. 여기서 pk는 공개 키라 불리며 공개적으로 공유되고, sk는 비밀 키라 부르며 개인적으로 보관해야 한다.

$$(pk, sk) \leftarrow G() \tag{2.9}$$

- S는 암호화 알고리즘으로 비밀 키 sk와 메시지 $m \in \mathcal{M}$을 입력으로 받아 메시지와 함께 공개적으로 소통할 수 있는 서명 $\sigma \in \Sigma$를 출력한다. S는 다음과 같이 호출할 수 있다.

$$S : \sigma \leftarrow E(sk, m) \tag{2.10}$$

- V는 입력으로 공개 키 pk, 메시지 $m \in \mathcal{M}$, 서명 $\sigma \in \Sigma$를 받은 다음 메시지 m에 대한 유효성 여부에 따라 승인하거나 거부하는 출력 값을 생성하는 (결정적^{deterministic}) 알고리즘이다.

$$\{ 승인, 거부 \} \leftarrow V(pk, m, \sigma) \tag{2.11}$$

(pk, sk)가 유효한 공개/비밀 키 쌍일 경우에만 S에 의해 생성된 서명이 V에 의해 승인된다. 따라서 G의 모든 $\forall(pk, sk)$에 대해 다음이 성립한다.

$$\forall m \in \mathcal{M} : V(pk, m, S(sk, m)) = 승인 \tag{2.12}$$

2.2 표기법, 심볼, 정의

이 절에서는 이 책 전반에 걸쳐 사용되는 표기법과 심볼에 대해 설명한다(표 2.1).

표 2.1 이 책에서 사용되는 표기법, 심볼, 정의들

심볼	설명	절
$0xff$	접두사 0x는 16진 표기법을 의미한다. 예제의 경우 십진수 255를 16진수로 나타낸 것이다.	4
||	문자열 이어 붙이기	–
$x[251{:}255]$	변수 x의 251번 비트부터 255번 비트 참조	–
$H()$	암호화 해시 함수	2.1, 4.3
$H^x()$	암호화를 x번 연속으로 체인시켜 적용. 예를 들면 $H^2(i) = H(H(i))$.	–
$SHA256()$	[119]에서 정의된 암호화 해시 함수	–
T	작업 증명의 난이도와 유효성을 정의하는 타깃. 비트코인에서 유효한 PoW는 다음과 같이 정의된다. $$SHA256^2(블록 헤더) \leq T$$	4
z	256비트 숫자 T의 맨 앞자리 0비트 개수	4
$Pr(x)$	x의 확률 $0 \leq Pr(x) \leq 1$	–
$m(p)$	프로세스 p가 단위 시간당 PoW 해법을 찾기 위해 시행한 횟수	–
Π	프로세스의 집합 $\{p_1, p_2, \cdots, p_n\} = \Pi$	–
$\mathcal{B}(t)$	시각 t에서의 비잔틴 노드 $\mathcal{B} \subseteq \Pi$의 부분 집합	–
f	결함 프로세스 개수, $0 \leq f \leq n$. 여기서 n은 전체 프로세스 개수를 나타낸다.[3]	–
$\Diamond\mathcal{W}, \mathcal{P},$ $\Diamond\mathcal{S}(bz), \Diamond\mathcal{M_A}$	서로 다른 실패 탐지 부류들	6.2.2

---

3   결함(fault)과 실패(failure)는 명확하게 구분하기가 쉽지 않은 개념이며 서로 혼재돼 사용되기도 한다. ISO 10303-226의 문서에 기반해 이 둘을 구분해보면 결함은 특정 구성 요소의 비정상적인 상태나 오작동을 의미하며, 그것의 결과로 나타나는 것이 실패다. 이 관점에서 보면 결함은 어느 구성 요소가 요구하는 기능을 달성하지 못하는 것을 의미하고, 실패는 전체적인 시스템 혹은 과제가 이로 인해 달성되지 못하는 것을 의미한다. – 옮긴이

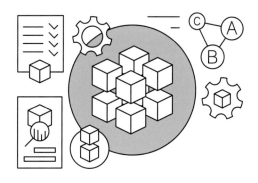

3

암호화 화폐의 역사

암호화 화폐의 역사는 두 가지에 바탕을 둔다.[1] 첫 번째는 일반적인 분산 시스템 연구의 역사고, 두 번째는 전자 캐시 시스템의 역사다. 초창기에 이 두 연구 영역은 암호화 기반 기술의 사용에도 불구하고 서로 간의 연관성이 거의 없었다. 두 분야는 모두 암호화 기법의 연구와 발전에 관계돼 있고, 특히 전자 캐시 분야의 연구는 즉 블라인드 서명 같은 비대칭 암호화 기법 분야의 발명에 의해 촉진됐다. 돌이켜보면 비트코인은 탈중앙화 암호화 화폐를 만들어 이 분야 연구에서 서로 간의 다리를 연결한 셈이다. 비트코인은 두 분야에서 핵심 부분만 골라서 서로를 병합했다. 비트코인의 부산물 중 하나는 전자 지급 시스템 및 화폐뿐 아니라 분산 시스템에 대해서도 관심이 증가했다는 점이다.

이 장에서는 비트코인과 이 분야 연구가 시작되기 이전의 암호화 화폐 역사를 간단히 소개한다. 그러므로 기술적 혁신과 함께 개별적인 인물이나 법적 정의보다는 당시의 기술적

---

1   이 책에서는 대체로 암호화 화폐가 분산 시스템을 전제로 하는 것처럼 설명하지만, 이는 일반적인 개념이 아니며 이 책의 저자들이 보는 시각일 뿐이다. – 옮긴이

혁신과 연구 내용들에 집중해보자. 이 장의 목적은 암호화폐의 연구와 그를 둘러싼 주변 커뮤니티에 영향을 미친 역사적 사건의 개요를 설명하고자 하는 것이다.

법적으로 모든 종류의 암호화 화폐는 2014년 유럽 중앙은행이 내린 다음의 가상 화폐 정의에 포함된다. '중앙은행이나 공공 기관에 의해 발행되지 않았으며 명목 화폐가 아니면서도 자연인 혹은 법인에 의해 지불 수단으로 인정되고 전자적 방법에 의해 이전, 저장, 거래되는 가치의 디지털 표현 방식'[9][2]

6장에서는 분산 시스템 관점에서의 역사를 설명한다.

3.1 비트코인 이전

이 절에서는 암호화 화폐 연구의 뿌리와 그 초창기를 원래의 아이디어가 등장한 때부터 비트코인이 나타난 시기까지의 개념 발달과 구현을 중심으로 다룬다.

3.1.1 초창기 디지털 캐시의 시작

암호화 화폐의 역사는 1980년 데이비드 춈[David Chaum]의 업적[42, 43]에서 시작됐다. 그는 블라인드 서명[41]에 관련된 그의 논문 덕분에 암호화 해시의 발명가로 불리곤 한다. 이 논문에서 춈은 서명하기 전에 메시지 내용을 가리는 새로운 암호화 기법을 제안해 서명자가 내용을 알지 못하도록 했다. 이 블라인드 서명은 다른 디지털 서명처럼 공개적으로 검증할 수 있다. 춈이 제안한 디지털 캐시 방식은 이용자가 디지털 통화를 누구도 추적하지 못하는 방식으로 사용할 수 있도록 해줬다. 후속으로 발표된 논문에서 춈과 동료들[43]은 아이디어를 개선해 오프라인 트랜잭션도 가능케 하고 이중 사용[double spending] 탐지 기능도 추가했다. 그럼에도 불구하고 시스템은 전자 캐시의 발행과 청산을 위해 신뢰받는 기관을 필요로 했다.

---

2   저자는 유럽 중앙은행의 정의에 모든 암호화 화폐가 포함된다고 설명했지만 이는 저자의 시각일 뿐이다. 예컨대 이 정의에 따르면 베네주엘라처럼 국가에서 주도하는 암호화폐 등은 포함되지 않으며, 디지털화된 법정 통화도 포함되지 않는다. 가상 화폐나 암호화폐의 일반적인 정의라기보다는 그중 극히 일부만 정의하고 있는 것이다. 따라서 금융의 관점이나 기술의 관점 모두에서 가상 화폐와 암호화폐에 보편적으로 적용하기에는 부적절해 보인다. - 옮긴이

1983 —	블라인드 서명(촘)
1984 —	
1085 —	
1986 —	
1987 —	
1988 —	
1989 —	
1990 —	
1991 —	
1992 —	사이퍼펑크 메일링 리스트
1993 —	클리퍼 칩의 백도어 발표
1994 —	
1995 —	RSA의 3라인(아담 백)
1996 —	
1997 —	클리퍼 칩 폐기
1998 —	B-머니(웨이 데이)
1999 —	
2000 —	
2001 —	
2002 —	해시캐시(아담 백)
2003 —	
2004 —	RPOW(할 피니)
2005 —	
2006 —	비트 골드(닉 사보)
2007 —	
2008 —	
2009 —	비트코인(사토시 나카모토)

디지털 캐시에 대한 그의 생각을 상업화하기 위해 촘은 디지캐시라는 회사를 1990년에 설립했다. 이 1세대 암호화 화폐는 다양한 상업화 노력[3]에도 불구하고 대중의 폭넓은 관심을 불러일으키는 데는 실패했다.

3.1.2 사이퍼펑크 운동

이 분야에서 데이비드 촘에 의한 기술 발전과 더불어 사이퍼펑크cypherpunk 운동이 탄생했다. 이 운동을 주도한 곳은 사이퍼펑크라는 전자 메일링 리스트를 통해 소통하던 비공식 그룹으로, 암호화의 사용과 개인정보 보호 강화 기술에 대한 추종자들이었다. 그중에서도 특히 데이비드 촘의 업적은 사회 운동가 그룹들을 고무시켜 이 기술이 널리 퍼지도록 했다. 그 전의 암호화 기법은 소비자에게 공개된 기술이 아니었으며, 주로 군대나 정보부 등의 전유물로서 연구돼왔다. 사이퍼펑크 운동은 익명이나 필명, 통신 비밀, 데이터 은닉 등과 같은 주제뿐 아니라 검열과 모니터링의 문제도 다뤘다.

1990년 중반의 주요 화제는 NSA가 개발한 클리퍼Clipper 칩셋으로 내장된 백도어로, 이는 사이퍼펑크에 의해 엄청난 비난에 휩싸였다. 1994년 매트 브레이즈Matt Blaze는 클리퍼 칩의 에스크로 시스템[25]이 가진 취약성을 다룬 논문을 발표했다. 그는 해당 칩에서 전송되는 정보를 탈취한 후 특정 LEAFLaw Enforcement Access Field의 암호화 키를 복원할 수 있음을 알아냈다.[3] LEAF에는 메시지가 변조되지 않았음을 증명할 수 있는 16비트 해시가 포

---

3   LEAF는 클린턴 행정부가 법적 효력을 통해 연방이나 주 정부 등이 통신을 도청할 수 있도록 합법화한 조치에 대한 것이다. 이를 구현한 것이 클리퍼 칩인데, 칩 내에 내장된 백도어를 통해 LEAF를 구현해뒀다. 이것은 흔히 키 에스크로라 불리는 방식으로 구현돼 정부가 적법한 절차를 거친 경우 해당하는 키를 통해 통신 내역을 모니터링할 수 있게 돼 있다. – 옮긴이

함돼 있었다. 그러나 16비트는 무결성 척도로 볼 때 충분하지 않았으며, 공격자들은 에스크로 후에 무차별 대입법으로 다른 키로 동일한 해시를 나타내는 LEAF 값을 쉽게 알아낼 수 있었다. 1995년에는 모티 융$^{Moti\ Yung}$과 야이르 프랭클$^{Yair\ Frankel}$에 의해 또 다른 취약성이 발견됐다. 즉 키 에스크로 장비 추적은 또 다른 공격에 취약한 것으로 밝혀졌는데, 원래의 전송 장치가 아닌 다른 전송 장치를 사용해 메시지에 LEAF를 붙여버리면 실시간으로 에스크로를 우회할 수 있었다[74]. 그 후로도 몇 가지 다른 공격 방법이 알려졌는데, 예를 들면 [4]와 전자 프런티어 재단$^{Electronic\ Frontier\ Foundation}$ 같은 활동가들도 클리퍼 칩과 인터넷 사용자에 의한 암호화 사용을 제한하려는 정부의 시도에 대해 우려를 표명했다. 이는 통상 암호화 전쟁으로 불린다. 해시캐시^{Hashcash}의 발명가인 아담 백$^{Adam\ Back}$은 펄^{Perl} 서명 파일의 3줄 RSA$^{3\text{-line RSA}}$4를 초소형 코드로 티셔츠에 인쇄해 미국의 암호화 수출 규제에 항의하기도 했다. 스마트폰 제조사들이 클리퍼 칩을 사용하지 않자 1996년 설계 자체가 폐기됐다. 그러나 키 에스크로와 정부가 통제하는 백도어에 대해서는 지금까지도 논란이 되고 있다. 2013년 스노든^{Snowden}의 폭로는 사용자나 판매자 주도의 암호화 응용에 대한 대중의 요구를 증폭시켰다.

3.1.3 암호화폐의 부상

최초의 탈중앙화 암호화폐인 비트코인과 그 아류들이 등장하기 전에 데이비드 촘의 원래 아이디어를 개선하려는 여러 시도가 제안됐다. 개념들은 점진적으로 발전했지만, 여전히 중앙화의 틀을 벗어나지 못했고 완전한 탈중앙화 화폐가 되지는 못했다.

B-머니$^{b\text{-money}}$: 1988년 웨이다이$^{Wei\ Dai}$는 익명의 분산 전자 캐시 시스템인 B-머니[53]를 제안했다. 그는 제안을 통해 수신자와 송신자가 오로지 공개 키 같은 디지털 필명으로만 식별되고 모든 메시지는 송신자가 서명하고 암호화해 수신자에게 전달되는 추적이 불가능한 네트워크가 존재한다는 가정하에 두 가지 프로토콜을 설명했다. B-머니는 이전에

4　펄 스크립트로 작성된 3줄 RSA 프로그램은 단 3줄로 RSA 복호화를 가능케 한 것이며, 정부의 비합리적 정책에 반대하는 사람들이 자신의 이메일 서명 파일에 정책에 대한 반대의 표시로 사용하곤 했다. - 옮긴이

해결되지 않은 암호화 퍼즐에 기반해 돈을 생성할 수 있었다.

비트골드[bit gold]: 1988년 닉 사보[Nick Szabo]는 비트골드라는 새로운 디지털 화폐를 구상했다. 그의 시스템도 암호화 퍼즐에 기반하고 있었는데, 퍼즐을 해결한 후 비잔틴 결함 허용 공개 레지스트리에 전송하고 퍼즐을 해결한 사람의 공개 키를 할당했다. 이를 통해 새로 얻고자 하는 돈에 대한 네트워크 합의가 가능했다. 중앙 기관 없이 이중 사용 문제를 해결하기 위한 사보의 계획은 금의 신뢰 특성을 흉내 내도록 설계됐다. 2002년 사보는 돈의 근원에 기반한 '소장품'에 대한 이론을 제안했다[144].

해시캐시[Hashcash]: 아담 백은 승인 방법을 위한 확률적 계산 작업 증명에 암호화 해시 함수를 사용한 작업 증명(PoW) 기반의 해시캐시[10]를 제안했다. 이러한 시스템의 요구 조건은 유효한 해를 찾기는 매우 힘들지만 해가 맞는지 증명하기는 매우 간단해야 한다는 것이다. 해시캐시에서는 익명의 메일 릴레이를 이용한 스팸 전송을 막기 위해 이에 필요한 요구 계산 자원을 증대시키려는 목적으로 **PoW**를 사용했다. 이 경우 송신자의 신원이 보호돼야 하므로 전통적인 승인 절차는 불가능하다. 따라서 메일 서버는 메일 릴레이를 승인하기 위한 절차로서 계산 자원이 소모되는 과제에 대한 해답을 요구한 것이다. 해시캐시의 경우 이 작업은 추가적인 이메일 헤더를 통해 구현했다. 백의 **PoW** 설계는 비트코인 채굴에서 개념적으로 재사용됐다.

RPOW: 2004년 할 피니[Hal Finney]는 최초로 재사용 작업 증명(RPOW)과 사보의 수집물 이론[144]에 기반한 화폐 시스템을 제안했다. 사보의 비트골드와 유사하게 피니는 금 가치의 개념과 일치하는 토큰 머니라는 개념을 도입했다. 나중에 비트코인이 나타난 후 피니는 비트코인이라는 새로운 분산 암호화폐를 사토시 나카모토 다음으로 이용하는 두 번째 사용자가 됐다. 그는 비트코인을 만든 사토시 나카모토로부터 트랜잭션을 통해 비트코인을 수령했다.

3.2 비트코인

2008년과 2009년 사이에 사토시 나카모토[117]라는 익명을 사용하는 개발자가 최초의 탈중앙화 암호화폐인 비트코인을 만들었다. 나카모토는 2008년에 스스로 기술 백서를 발표했고 곧이어 이듬해인 2009년 1월 3일에 비트코인 프로토콜의 최초 블록인 제네시스 블록을 생성해 탈중앙화 암호화폐로서의 비트코인 운영을 시작했다. 아직까지도 시가총액 측면에서는 비트코인이 가장 성공한 암호화폐다. 이후 비트코인에 기반을 둔 700개 이상의 변종 코인들(예: 라이트 코인, 피어코인 등)이 제안됐다.

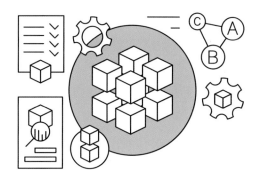

4

비트코인

2016년 비트코인의 자산 총액은 100억 달러[1]를 넘어섰으며, 분산 암호화 화폐를 설계하고 유지하는 것이 기술적으로 가능함이 증명됐다. 비록 그 기술적 기반인 암호화 해시함수와 비대칭 암호화 기법은 오래전부터 있던 기술이지만 비트코인은 이러한 기술을 인센티브 시스템과 결합한 최초의 개념으로서 역사상 최초의 분산 암호화 화폐로 탄생하게 됐다. 이 장에서는 비트코인을 최신 분산 작업 증명 기반 블록체인의 전형으로 보는 관점에서 설명한다.

4.1 비트코인 개괄

비트코인과 연관된 암호화폐는 두 가지 서로 다른 데이터 구조 형식에 근거하고 있는데 각각 트랜잭션과 블록이다. 트랜잭션은 블록에 모여 있다. 블록은 이전 블록의 해시를 통해 체인처럼 묶여 있어서 승인된 데이터 구조를 형성하는데, 이를 블록체인[119]이라 한다.

트랜잭션과 블록은 피어 투 피어(P2P) 네트워크를 통해 가십^{gossiping} 프로토콜을 사용함으로써 모든 참여자들에게 퍼져 나간다.

네트워크의 한 노드가 유효한 작업 증명을 수행하면 새로운 블록이 블록체인에 추가된다. PoW는 시빌 공격^{Sybil Attack}[60]을 방지하기 위한 방법이며, 블록체인 전체와 새로운 블록에 대한 키 없는 서명 역할을 통해 인증한다[123]. 정직한 노드는 특정 시점에서 가장 긴 블록체인에 대해서만 유효하다고 동의한다. 비록 통상 '가장 긴 체인 규칙'이라 불리지만, 사실 이는 PoW 관점에서 계산이 가장 힘든, 즉 가장 무거운 블록체인이다. 블록이 유효하지 않으면 노드는 블록을 블록체인에 추가하지 않는다. 이 묵시적 합의 프로세스는 각 PoW 해법에 대한 '랜덤 리더 선거'로 설명할 수 있다. 리더는 새로운 블록을 만들고 기존 블록체인에 추가함으로써 기존의 블록이 유효하다는 데 암묵적으로 동의한다[119]. 간단히 설명하자면 비트코인은 분산 시스템이라 할 수 있는데, 트랜잭션의 내용과 순서에 대해 합의하기 위해 PoW와 블록체인을 합의 도구로 사용해 확률적 합의를 성취하는 것이다. 그에 따라 시스템은 모든 피어가 비트코인의 현재 소유권 상태에 동의한 것을 보장한다. 이는 한 블록에서 다른 블록으로 소유권의 상태가 변경되는 것을 처리하기 위해 필요하다. 이를 달성하기 위한 기저 합의 방법을 나카모토 합의^{Nakamoto consensus}라고 부른다. 이에 따라 리더는 하나의 블록을 결정하고 PoW 퍼즐의 해법에 따라 또 다른 리더가 선출된다. 리더는 유효한 블록을 자신들이 보기에 옳다고 판단되는 블록들의 체인에 추가함으로써 이전 블록들을 승인한다는 것을 알린다. 가장 무거운 체인에 있는 공통 이전 블록들에 대한 합의 확률은 체인이 커질수록 $Pr(1)$에 가깝게 증가한다[76].

사람들이 자신의 계산 자원을 사용해 비트코인 노드 역할을 하도록 동기를 부여하려면, 블록을 만들 때마다 채굴자에게 블록을 위한 유효한 PoW의 제공과 해당 트랜잭션에 따른 보상을 화폐 단위로(즉 비트코인으로) 지급해야 한다.

그 결과 비트코인의 보안과 탈중앙화는 기술적 측면뿐 아니라 인센티브 공학[119] 측면에서도 중요하다.

4.1.1 암호화폐 기술의 구성 요소

암호화폐 기술을 분해할 수 있는 방법은 여러 가지다. [50]에서는 네트워크 평면, 합의 평면, 저장 평면, 뷰 평면, 사이드^{side} 평면 등 서로 다른 평면으로 분리해 암호화폐를 설명했다. 이 기법으로부터 영감을 얻어 이 책의 저자들은 암호화폐를 두 레벨의 기반으로 분해하기로 했다. 첫 번째 레벨은 두 가지 주요 요소로 대략적으로 분리하는 방법을 소개한다. 두 번째 레벨은 이 두 요소를 서로 다른 서브시스템^{subsystem}으로 분해한다. [50]에 소개된 '평면^{plane}' 개념이나 OSI 모델의 '계층^{layer}'이라는 용어와 혼동되지 않도록 하기 위해 여기서는 구성 요소^{component}와 서브시스템^{subsystem}이라는 용어를 사용한다.

비트코인과 대부분의 다른 암호화폐의 작동은 두 가지 주요 구성 요소로 나눌 수 있다. (I) 합의 관리^{consensus management}는 합의와 관계된 모든 것을 의미한다. 즉 합의 알고리즘과 함께 통신의 측면을 의미한다. (II) 디지털 자산 관리^{digital asset management}는 합의된 상태와 행위 위에 구현된 모든 응용을 의미한다. 즉 키와 트랜잭션 관리를 의미한다. 좀 더 정교한 분리를 위해 두 주요 구성 요소는 다수의 서브시스템으로 분해할 수 있다.

- 합의 관리 구성 요소
  - 네트워크 서브시스템
  - 저장소 서브시스템
  - 합의 알고리즘 서브시스템
- 디지털 자산 관리 구성 요소
  - 키 관리 서브시스템
  - 트랜잭션 관리 서브시스템

이렇게 두 가지 주요 구성 요소로 분리하고 나면, 시스템을 분산 운영체제 시스템과 그 위에서 작동하는 응용프로그램의 관점으로 볼 수 있다. 이 비유에서 합의 관리 구성 요소는 사용자 응용프로그램(즉 디지털 자산 관리 구성 요소)에게 서비스(즉 syscall)를 제공하는 운영체제로 볼 수 있다. 이런 관점으로 분리하면 각 구성 요소는 상호 독립적으로 다른 것으로 대체 가능해진다. 예를 들어 누군가 저장소와 코인(즉 지갑)에 연계된 공개 및 비밀 키 쌍의 관리에 다른 소프트웨어를 사용하려면 합의에 관련한 중대한 변경을 하지 않아도 쉽게 바꿀 수 있다. 다시 말해, 디지털 자산 관리 구성 요소를 교체하더라도 다른 구성 요소와의 통신에 영향을 미치지 않는 한 문제없다는 것이다. 즉 지갑은 서로 다른 비트코인 구현에 대해 작동할 수 있다.

이와 반대로 동일한 구성 요소 내의 서브시스템은 서로에 영향을 미치지 않고 독립적으로 교체될 수 없다. 예를 들어 비트코인의 P2P 네트워킹 구현을 다른 가십 프로토콜로 대체하더라도 합의에 이르는 방법에 대한 코드에는 영향을 미치지 않을 것이므로 나카모토 합의의 기본 규칙은 유지되지만, 이 변화로 인해 메시지 전파 시간이 변경돼 궁극적으로 보안과 합의 알고리즘의 활성도 성질에는 영향을 미치게 되는 것이다. 따라서 서브시스템은 서로 다른 부분을 좀 더 독립적으로 설명하기 위해 문맥화하는 것에 가깝다.

4.3, 4.4, 4.5절에서는 '구성 요소'와 '서브시스템'으로 분리한 관점에서 설명할 것이고, 또한 최신 분산 암호화 화폐의 전형인 비트코인의 맥락에서는 어떻게 돼 있는지 알아볼 것이다. 비트코인 내부의 이런 서브시스템이 작동하는 원리를 설명하려면 몇 가지 데이터 구조를 이해해야 하는데 이에 대한 내용은 4.2절에서 다룬다.

4.2 핵심 데이터 구조와 개념

주소, 트랜잭션, 블록은 비트코인에서 사용되는 세 가지 기본 데이터 구조다. 이 특정 데이터 구조는 비트코인이 분산 디지털 화폐로 설계됐기 때문에 만들어진 것이다. 비트코인에 기반한 모든 암호화폐는 비트코인에서 바로 분기됐든(네임코인이나 라이트코인, 지코인 등), 개념적으로만 기반을 뒀든(예: 이더리움) 상관없이 모두 이 세 가지 구성 요소를 약간만 변경한 채 사용하고 있다. 이 절에서는 이 데이터 구조를 설명하고 이 데이터 구조가 어떻게 연계돼 암호화 화폐 개념의 기본을 구성하는지 알아본다. 4.2절은 데이터에 집중된 시각으로 기술됐기 때문에 합의에 이르는 방법에 대한 내용은 4.3절에서 별도로 설명한다. 편의상 이 절에서 체인의 모든 블록 순서는 모든 사용자가 동의한 것이며 모든 사용자는 적어도 체인의 최신 헤드^{head}를 알고 있다고 가정한다.

비트코인이 만들어진 이후 코어 데이터 구조의 해석에 대한 몇 번의 작은 변경이 있었다. 예를 들어 블록 헤더에 있는 버전(nVersion) 값은 원래 버전 번호를 나타내는 값이었지만, 지금은 채굴자들이 소프트 포크soft fork를 필요로 하는 특징을 지원할 것인지 구분하는 비트 벡터 값을 가지고 있다. 이 절에서 설명하는 대부분의 내용은 과거로부터 변경된 적이 없는 것들이다.

이 절에서는 비트코인 프로토콜의 코어 구성 요소와 기본 요소를 프로토콜의 버전과 상관없는 일반화된 방법으로 알아본다. 여기서 설명된 정보는 암호화 화폐의 일반 개념을 알려주기 위한 실질적 예제로서의 역할을 한다.

가장 최근의 구체적인 내용을 알아보려면 비트코인 개발자 가이드[23]와 해당되는 비트코인 개선 제안(BIP)[24], 구현 참조 코드[22]를 찾아보자.

4.2.1 블록

비트코인의 가장 기본적인 데이터 구조는 블록이다. 블록은 블록 헤더와 각각의 블록에 연계된 트랜잭션으로 구성된다. 이 블록들은 체인처럼 묶여 이전 블록의 암호화 해시 값을 포함함으로써 흔히 블록체인[1]이라 불리는 연결 리스트 구조를 하고 있다. 화폐의 현재 상태는 체인에 있는 블록들의 순서에 의해 결정된다. 블록들은 전체 트랜잭션의 원장을 나타내는데 트랜잭션은 블록에서의 위치에 따라 순차적으로 처리된다.

블록 헤더

표 4.1은 블록 헤더(80바이트)의 서로 다른 필드 및 연계된 트랜잭션의 리스트를 보여준다. 무결성 관점에서 볼 때 블록 헤더에서 가장 중요한 필드는 HashPrevBlock이다. 이 값은 체인에서 이전 블록의 암호화 해시(SHA256) 값을 가지고 있다. 이를 통해 블록은 체인처럼 묶여서 불변성Immutability 데이터 구조를 형성하게 된다. 블록체인의 무결성은 헤드(체인의 마지막 블록)에 접근 가능한 누구나 검증할 수 있다. 마지막 블록만 저장한 사용자도 현재까지

---

1 블록체인의 자세한 정의는 4.2.2절에서 확인할 수 있다.

표 4.1 비트코인 블록 헤더(80바이트)와 연계된 트랜잭션들(현재 1메가바이트)[122]

필드 이름	형식(크기)	설명
nVersion	int(4바이트)	원래는 비트코인 버전을 기록한 값이다. BIP9를 구현하고 난 후부터 이 필드의 비트는 소프트 포크[126]를 필요로 하는 특징을 지원할 것인지 알려주는 역할을 한다.
HashPrevBlock	uint256 (32바이트)	이전 블록 헤더의 이중 SHA256 해시 $SHA256^2(nVersion\|\| \ldots \|\|nNonce)$.
Hash MerkleRoot	Uint256 (32바이트)	블록과 연계된 모든 트랜잭션으로 만든 머클 트리 루트 해시(마스터 혹은 톱 해시라 부른다.)
nTime	unsigned int (4바이트)	블록 생성 시각을 UNIX 시간 형식으로 표시한 타임스탬프
nBits	unsigned int (4바이트)	작업 증명 문제의 난이도를 정의하는 타깃 비트. 이 값은 축약 형식으로 돼 있으며, 4.3.3절에서 자세히 설명한다.
nNonce	unsigned int (4바이트)	작업 증명 문제의 정답이 되는 정수
#vtx	VarInt (1–9바이트)	블록에 담긴 트랜잭션 개수. 이 필드는 블록 헤더의 일부가 아니라 블록의 일부다.
vtx[ ]	Transaction (Variable)	실제 데이터를 가진 트랜잭션의 벡터. 이 트랜잭션은 블록 헤더의 일부가 아니라 HashMerkleRoot 필드를 통해 연결돼 있다.

체인의 블록들이 변경되지 않았음을 확인할 수 있다. 따라서 확인하고자 하는 이전 블록의 모든 해시 값을 요청한 후 마지막 블록까지의 해시를 재계산해보면 된다. 마지막 블록 해시가 일치한다면 이전의 모든 블록들도 체인에 추가된 이후 변경된 적이 없음을 의미한다.[2]

블록에 들어있는 트랜잭션들

각 블록에 들어있는 트랜잭션 리스트의 순서는 매우 중요하다. 순차적으로 처리되기 때문이다. 블록에 연계된 모든 트랜잭션은 해당 블록에 머클 트리 루트 해시를 통해 묶여 있으며 이 값은 블록 헤더에 포함(≒ HashMerkleRoot)돼 있다. 간단히 설명하자면 이 필드는 모든 트랜잭션의 해시 값 정도로 생각할 수 있다. 트랜잭션 중 하나의 내용만 변경돼도 머클 트리 루트 해시가 변경돼 바로 찾아낼 수 있다.

---

2   암호화 해시 함수는 항상 충돌 가능하지만, 공격자가 그 값을 찾을 가능성은 없다고 봐도 된다[6].

4.2.2 블록체인

비록 사토시 나카모토의 원 논문[117]에는 **블록체인**이라는 용어가 사용된 적이 없지만 통상 이 용어는 암호화 화폐 기술을 통칭하는 것으로 사용되고 있다.[3] 시중에는 '블록체인blockchain'과 '블록 체인block chain'이라는 두 가지 표기법이 있다. 비록 원시 소스 코드에 있는 사토시 나카모토의 주석 부분에 띄어쓰기한 '블록 체인'이라는 용어가 등장하기는 하지만, 띄어쓰기를 하지 않는 '블록체인'이라는 용어가 근래에 [50] 등의 학술 문헌에서 더 많이 사용되고 있다. 그러므로 이 책에서도 띄어쓰지 않는 표기법을 사용한다. 표기가 다양한 것처럼 블록체인에 대한 정의도 다양하다. 따라서 이 책에서는 (I) 학술적 해석과 (II) 일상적 해석이라는 두 가지 관점의 해석을 사용한다.

학술적 해석

학술적 맥락에서도 블록체인이란 용어에는 다양한 정의가 있으므로 이 책에서는 이러한 해석을 둘러싼 몇 가지를 설명한다. 첫 번째 정의는 기저 합의 알고리즘에 무관한 광의의 정의다. 따라서 이 정의는 모든 종류의 블록체인에 적용되며 블록체인이라는 용어가 가진 광의의 용도에 대해 잘 설명해준다. 이 정의는 프린스턴 비트코인 책[119]에서 유래됐기 때문에 보통 '프린스턴 정의Princeton definition'라 부른다. 이 절에서 이 정의에 대해 좀 더 명시적으로 설명하기로 한다.

두 번째 정의 부류들은 좀 더 형식을 갖추고 있으며 합의 알고리즘과 연계된 측면을 포함하고 있다. 이것들은 이러한 시스템을 좀 더 형식적으로 모델링하려는 다양한 접근 방식의 산물로서 [77, 92, 93, 123] 같은 업적들을 포함하고 있다. 이러한 작업들이 블록체인이라는 용어를 바로 정의할 수 있는 것은 아니다. 예를 들어 키아이아스Kiayias와 동료들의 경우 자신들의 논문[93]에서 트랜잭션 원장이라는 용어를 사용했고, 패스Pass와 동료들은 추상적 정의[123]라는 용어를 사용했다. 이러한 것들의 발전과 좀 더 형식적인 분석에 관

---

3   블록체인이 암호화 화폐 기술을 통칭한다는 것은 오해의 소지가 있다. 블록체인은 암호화폐와 관련된 비트코인에서 비롯된 것이지만 얼마든지 암호화폐와 별개의 기술이 될 수 있다. 대부분의 암호화 화폐가 블록체인을 사용한다는 정도로만 이해해두자. – 옮긴이

련된 세부 사항은 6.3절에서 설명하고 있다.

후속 절들을 위해, 6장 초반까지 [119]에 설명된 프린스턴 정의를 사용하면 개념과 설명을 따라가기에 충분하다.

정의 4.1 프린스턴 정의[119]에 따르면, 블록체인이란 대상 원소를 참조하는 포인터에 그 원소들의 해시 합을 사용하는 연결 리스트 데이터 구조다.

이 정의에 따르면, 블록체인은 체인의 헤드에 있는 블록을 정확히 저장하고 있거나 혹은 그 정보를 얻을 수 있는 사람이라면 누구나 체인에 포함된 모든 블록이 정확한 것인지 검증할 수 있도록 구성돼 있다.

구어적 해석

블록체인이라는 용어를 구어적으로 이야기할 때는 블록체인/암호화 화폐 기술인 해시 체인, 비대칭 암호화 기법, 게임 이론 등으로 구성돼 있는 분산 시스템의 한 종류를 의미한다. 이러한 해석에 따르면, 블록체인은 이른바 '비허가 방식permissionless' 형태와 '허가 방식permissioned' 형태로 분류할 수 있다.

비허가 방식 블록체인: 이러한 블록체인의 가장 핵심적 성질은 체인 상태에 대한 합의에 참여하는 노드들의 집합을 알 수 없다는 것이다. 부코릭Vukolić과 동료들은 이러한 형태를 작업 증명(POW) 블록체인[147]이라 불렀다.

허가 방식 블록체인: 이러한 블록체인의 가장 핵심적 성질은 체인 상태에 대한 합의에 참여하는 노드들의 집합을 알 수 있다는 것이다. 부코릭과 동료들은 이러한 형태를 비잔틴 결함 허용Byzantine Fault Tolerant(BFT) 블록체인[147]이라 불렀다. 허가가 필요한 블록체인은 합의에 참여하는 노드를 구성하는 방식[4]에 따라 프라이빗private 블록체인으로 더 세분화되기도 한다.

---

4 https://blog.ethereum.org/2015/08/07/on-public-and-private-blockchains/

4.2.3 주소

가장 기초적 레벨로서 비트코인 주소는 다른 암호화 화폐의 주소처럼 공개 키의 암호화 해시다. 따라서 각 주소는 실제로 공개와 개인 부분으로 구성된다. 공개 부분은 주소로서 통상적인 온라인 뱅킹에서의 계좌 번호에 비교할 수 있다. 개인 부분은 비밀 키에 해당되는 것으로 계좌에 있는 돈을 인출하기 위해 필요한 비밀번호나 서명에 비교할 수 있다. 주소는 공개/비밀 키 쌍만큼이나 누구나 쉽게 생성할 수 있다. 이를 통해 비트코인의 프로토콜 자체나 합의 방법을 몰라도 비트코인 공개 주소만 주고받으면 누구나 비트코인을 주고받을 수 있다.

비트코인에서는 주소가 타원형 디지털 서명 알고리즘^{Elliptic Curve Digital Signature Algorithm}(ECDSA)[37]을 이용한 개인/비밀 키 쌍으로 돼 있다. 좀 더 자세히 설명하자면, 비트코인은 서티콤^{Certicom}[38]에 명시되고 추천된 secp256k1이라는 타원형 곡선 알고리즘을 사용한다. 사람이 처리할 수 있는 비트코인 주소를 생성하기 위해 공개 부분은 알고리즘 4.1에서 설명된 방식으로 인코딩된다. 이 절차에서 공개 키는 여러 번 해시된다. 이를 위해 RIPEMD160과 SHA256[121]이라는 두 개의 서로 다른 해시 함수가 사용된다.

알고리즘 4.1 ECDSA 공개 키로부터 비트코인 주소 생성

입력: ECDSA 공개 키 pk

출력: 비트코인 주소 A. 예를 들면 1DR8mXZpK75q7Vipkb1tmp8Wyjz6gDHZBL

1: $a = 0x00 \; || \; RIPEMD160(SHA256 \, (pk))$

2: $h = SHA256(SHA256(a))$

3: $A = Base58(a \, || \, h[251 : 255])$

이 과정에서 4바이트의 체크섬^{checksum}이 맨 뒤에 붙는다. 그러고 나서 최종 결과는 base58 인코딩을 통해 생성한다. base58을 선택한 이유는 base64로 인코딩된 글자 중 몇

개는 글자 모양이 서로 비슷해서 시각적으로 구분하기가 어렵기 때문이다. 예를 들면 {0, O, I, l} 등이 있다. 리스트 4.1의 비트코인 코어[5]에서 따온 소스 코드를 보면 base58을 선택한 이유가 적혀 있다.

리스트 4.1 비트코인 코어의 base58.h 파일에 있는 base58 인코딩에 대한 주석

```
1  /**
2   *      base64 대신 base58을 선택한 이유
3   * -    0, O, I, l 같은 글자가 폰트의 선택에 따라
4   *      모두 똑같이 보이게 돼
5   *      시각적으로 구분하기 위해서다.
6   * -    알파벳이나 숫자를 제외한 문자들은
7   *      입력에서 잘 받아들이지 못한다.
8   * -    이메일은 보통 마침표가 없으면
9   *      줄 바꾸기를 하지 않는다.
10  * -    알파벳과 숫자로만 이뤄져 있으면 더블 클릭을 통해
11  *      전체 문자열을 한 단어처럼 선택할 수 있다.
12  */
```

4.2.4 트랜잭션

화폐를 특정 주소에서 다른 주소로 이전할 때 트랜잭션을 사용한다. 트랜잭션은 화폐 단위(즉 비트코인)를 소지한 누구나 작성할 수 있다. 이 맥락에서 '소지'했다는 의미는 이전하려는 비트코인을 가지고 있는 주소(즉 공개 키)의 '개인 키에 대한 통제를 가진' 것을 의미하며, 이 비트코인 주소는 이전 비트코인을 수령했던 주소이기도 하다.

비트코인에서의 트랜잭션은 하나 이상의 입력과 하나 이상의 출력으로 이뤄진다. 입력으로 가져오려면 이전 출력에 유효한 암호화 서명을 제출하고 잠금 장치를 해제해야 한다. 이에 따라 입력은 이전 비트코인을 수령한 주소의 소유자가 필요한 개인 키를 가지고 있다고 증명하는 셈이다. 개인 키는 또 다른 주소로 비트코인을 보내기 위해 잠금 장치를 해제하는 데 필요한 서명을 생성하는 데 필요하다.

---

5   https://github.com/bitcoin/bitcoin/blob/v0.13.1/src/base58.h#L6-L13

예를 들어 앨리스가 5비트코인을 밥에게 전달하려면 앨리스는 우선 밥의 비트코인 주소를 알아야 한다. 이 예에서는 이 주소가 신뢰할 수 있는 채널(예를 들면 TLS 암호화[55]에 유효한 증명서를 사용하는 웹사이트에서 쇼핑을 위해 결제 정보를 제공하는 식으로)을 통해 전달된다고 가정한다. 앨리스는 밥의 주소를 트랜잭션의 출력에 적은 후 이 계좌에 전달하려는 비트코인 개수인 5를 적는다. 다음 단계에서 앨리스는 전달하려는 비트코인이 자신의 것이 맞으며, 밥에게 전달하려는 것이 맞다는 사실을 입증해야 한다. 따라서 앨리스는 블록체인을 뒤져 이 비트코인을 수령하게 된 트랜잭션을 찾음으로써 그녀가 적절한 개인 키의 소유자임을 보여야 한다. 그다음 앨리스는 이전의 트랜잭션에서 5비트코인을 지불하기 위해 필요한 만큼의 비트코인에 대한 잠금을 해제해야 한다. 이 예에서는 이 거래를 위해 이전의 두 개 트랜잭션(출력)을 사용하는데 각각 4비트코인과 3비트코인이다. 앨리스는 현재 트랜잭션에서 사용하려는 모든 출력에 해당하는 입력을 잠금 장치를 해제한 후 생성해야 한다. 이 입력들은 트랜잭션 ID와 숫자를 통해 이전 트랜잭션을 고유하게 특정한다. 이 출력을 해제하려면 앨리스는 자신이 정당한 소유자임을 증명해야 하므로 각 입력에 대해 암호화 서명을 제시해야 한다. 앨리스는 5비트코인을 밥의 비트코인 주소로 전송하는 트랜잭션에 출력으로 추가해야 한다. 두 개의 해제된 입력을 합치면 보내려는 5비트코인보다 크므로 앨리스는 거스름돈인 2비트코인을 자신의 비트코인 주소로 되돌려 받는 출력을 작성해야 한다. 트랜잭션이 만들어지면 앨리스는 이를 비트코인 P2P 네트워크에 브로드캐스팅하고 새로운 블록이 생성돼 이 트랜잭션을 포함해주길 기다린다. 일단 트랜잭션이 블록체인의 헤드에 포함되면 그 트랜잭션은 '확인됐다confirmed'고 한다. 확인 개수는 트랜잭션을 포함하고 있는 블록 위에 추가로 생성된 블록 개수에 의해 결정된다.

트랜잭션 검증

대개 비트코인의 트랜잭션은 다음 조건을 만족하면 유효한 것으로 간주한다.

- 모든 해제된 입력은 이전 트랜잭션에서 사용된 적이 없다(즉, 해제된 후 사용).
- 입력에 있는 모든 암호화 서명이 유효하다.

- 입력에서 해제된 모든 값의 합은 트랜잭션의 출력에서 사용된 모든 값의 합보다 크거나 같다.

검사 기준에 대한 좀 더 자세한 설명을 원한다면 소스 코드나 개발자 문서[22, 23]를 참고하자.

코인베이스

위 예제는 앨리스와 밥 사이의 트랜잭션에 대해 설명한 것으로 비트코인에서 일반적으로 금액을 이전하는 것을 설명하고 있지만, 실제로 비트코인이 어디에서 생성된 것인지에 대한 설명은 없다. 이는 이른바 '코인베이스coinbase 트랜잭션'이라 불리는 곳에서 생성되는데, 모든 블록의 최초 트랜잭션이며 모든 트랜잭션 중 특수한 상태를 가지게 된다. 코인베이스 트랜잭션에서는 블록 생성자가 작업 증명에 대한 보상금으로 사전에 정해진 개수의 비트코인을 생성할 수 있다.

그림 4.1은 블록의 구조와 거기에 담긴 트랜잭션을 보여주는데, 첫 번째 트랜잭션이 코인베이스 트랜잭션임을 알 수 있다.

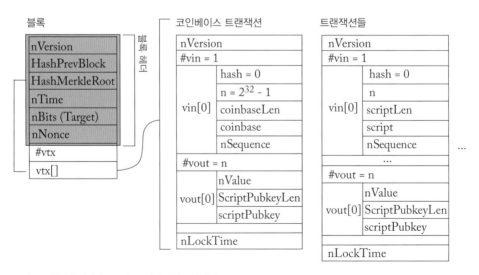

그림 4.1 블록의 데이터 구조와 그 안에 담긴 트랜잭션들

표 4.2는 일반 트랜잭션과 코인베이스 트랜잭션의 정확한 차이점을 설명해준다.

표 4.2 일반 트랜잭션과 코인베이스 트랜잭션의 구조적 차이[122]

필드 이름		형식(바이트)	설명
nVersion		int32_t (4바이트)	트랜잭션 형식 버전(현재는 1)
#vin		VarInt (1–9바이트)	Vin에 있는 트랜잭션 입력 개수 코인베이스의 경우 1이다.
vin[]	hash	uint256 (32바이트)	이전 tx의 고정된 이중 SHA256 해시 코인베이스 경우는 0이다.
	n	uint32_t (4바이트)	고정된 트랜잭션 출력 인덱스 코인베이스의 경우 232–1이다.
	scriptSigLen 또는 coinbaseLen	VarInt (1–9바이트)	코인베이스 또는 scriptSig 필드의 크기를 바이트로 나타낸 길이
	scriptSig 또는 coinbase	CScript (가변)	코인베이스는 블록의 크기와 임의의 데이터(최대 100바이트)를 인코딩한다.
	nSequence	uint32_t (4바이트)	트랜잭션 입력 시퀀스 번호
#vout		VarInt (1–9바이트)	Vout에 있는 트랜잭션 출력 개수
vout[]	nValue	int64_t (8바이트)	사토시(10–8BTC)로 표기된 금액. 코인베이스의 경우 이 값은 블록 보상금과 트랜잭션 수수료다.
	scriptPubkeyLen	VarInt (1–9바이트)	scriptPubkey 필드의 크기를 바이트로 나타낸 값
	scriptPubkey	CScript (가변)	트랜잭션 출력이 해제될 조건을 기술한 스크립트
nLockTime		unsigned int(4바이트)	블록체인에 포함되기 전에 트랜잭션이 기다려야 할 타임스탬프

수수료와 거스름돈

특정 비트코인 주소와 연계된 금액은 쪼갤 수 없으므로 전체를 단일 입력으로 해제해야 한다. 따라서 지불하려는 금액보다 커서 거스름돈이 생길 경우에는 거스름돈을 현재 비트코인 주소로 돌려받을 별도의 출력을 작성해야 한다.

만약 트랜잭션 내 전체 입력이 여전히 전체 출력의 합보다 크다면 그 차액은 트랜잭션이 포함된 블록의 채굴자가 수수료의 일부로 가지게 된다. 모든 트랜잭션 수수료는 코인베이스 트랜잭션의 보상금에 포함된다.

스크립트

표 4.2와 그림 4.1에 있는 것처럼 트랜잭션은 단순히 금액의 잠금 장치를 해제하기 위해 암호화 서명을 제공하는 것만 의미하지는 않는다. 비트코인은 스택 기반의 튜링 비완전 non-Turing-complete 언어로 된 스크립트 언어(루프가 없는)[23]를 사용한다. 이른바 스크립트는 두 부분으로 나눌 수 있다. 첫 번째 부분은 사용하려는 출력에 있으며, 두 번째 부분은 잠금 장치를 해제하려는 입력 부분에 있다. 스크립트를 수행하려면 두 부분을 이어 붙인 다음 실행시킨다. 스택 상단의 실행 결과가 참 값을 반환하면 스크립트는 유효한 것이 되며 해당되는 금액을 연관된 트랜잭션에 사용할 수 있게 된다. 그림 4.2는 표준 P2PKH Pay-To-Public-Key-Hash 트랜잭션 방식의 실행 예를 보여주는데, 이를 통해 코인을 지불하려는 사람이 소유자가 맞는지 확인하는 절차를 거친다. 이 예제는 스크립트를 왼쪽부터 오른쪽으로 실행하면서 스택의 각 상태가 어떻게 바뀌는지 보여준다. 실행되는 스크립트 코드는 여러 종류의 데이터(예: <sig>, <pubKey>, <pubKeyHash>)와 OPCODE(예: OP_DUP, OP_CHECKSIG, OP_HASH160, OP_EQUALVERIFY)가 섞여 있다. 스크립트의 데이터는 스택으로 읽어 들여진다. 스크립트에서 OPCODE가 읽혀지면 실행된다. 그림 4.2에서의 스택은 OPCODE 다음의 상태나 데이터를 보여주고 아래쪽에 있는 것은 처리되는 동안의 스택에 대한 스냅샷을 보여준다.

P2PKH의 비트코인 스크립트 언어 실행 예는 다음과 같다.

scriptPubKey (locks output)

`<sig> <pubKey>` | `OP_DUP OP_HASH160 <pubKeyHash> OP_EQUALVERIFY OP_CHECKSIG`

scriptSig (unlocks output within input)

				`<pubKeyHash>`		
		`<pubKey>`	`<pubKeyHash>`	`<pubKeyHash>`		
	`<pubKey>`	`<pubKey>`	`<pubKey>`	`<pubKey>`	`<pubKey>`	
`<sig>`	`<sig>`	`<sig>`	`<sig>`	`<sig>`	`<sig>`	`true`
`<sig>`	`<pubKey>`	`OP_DUP`	`OP_HASH160`	`<pubKeyHash>`	`OP_EQUALVERIFY`	`OP_CHECKSIG`

그림 4.2 P2PKH의 실행 예. 트랜잭션 입력에 있는 비트코인 스크립트

4.3 합의 관리

이 서브시스템은 합의에 관련된 모든 중요한 부분을 가지고 있다. 즉 대다수의 참여 노드가 블록체인의 상태에 대해 궁극적으로 합의에 이르게 돼야 하는 규칙을 담고 있다. 다시 말해, 체인에서의 블록에 관한 유효성과 순서에 대해 합의하면 트랜잭션에 대한 합의도 이뤄지는 것이다. 이는 특정 트랜잭션이 유효한지 결정하기 위해 필요한 것이며, 이를 통해 아직까지 사용되지 않은 트랜잭션 출력만이 사용되도록 보장한다.

비트코인에서의 랜덤화된 합의는 작업 증명을 통해 다음 차례(즉 다음 블록)의 리더가 누가 될 것인지 랜덤으로 하나의 노드를 선택한다. 리더는 다음 블록을 제안할 수 있고 같은 방식으로 계속해서 새로운 리더를 선출한다. 이 절차를 따르면, 현재의 리더는 그가 새로 생성한 블록을 묵시적으로 체인의 헤드에 추가함으로써 이전에 생성된 블록들의 유효성에 대해 동의할 수도 있지만, 경우에 따라 새로 생성된 블록을 다른 블록체인에 추가함으로써 기존에 생성됐던 블록에 대해 합의하지 않을 수도 있다.[6] 노드가 리더로 선택될 가능성은 다른 노드와 비교한 상대적인 해시 파워에 달려 있다. 그러므로 계산 자원을 증가시키면 리더가 될 가능성이 증가하게 된다. 현재 계산[7]으로 이 방식은 악의적 노드가 가진 해시 파워가 전체 해시율hash rate의 25%를 넘지 않으면 안전한 것으로 간주된다. 이 값은 현재의

---

6   이 설명은 다소 오해의 소지가 있다. 현재의 리더가 블록의 추가에 대해 어떤 행동을 취할 것인가는 그가 임의로 정하는 것이 아니라, 정해진 규칙에 반드시 따라야만 한다. 비트코인의 경우 반드시 가장 무거운 블록체인에 추가해야 하고, 복수 개의 블록체인이 모두 동일한 무게일 때만 리더가 임의로 선택할 수 있다. – 옮긴이

7   자세한 설명은 4.3.7절을 참고하라.

추정이고, 이는 여전히 진행 중인 모델링 프로세스와 특정 공격[67, 68]과 그 공격의 조합 [120]에 대한 **PoW** 블록체인의 안전성을 산정하는 결과 중 일부다. 랜덤 선택에 더해 작업 증명은 비트코인의 시빌 공격^{Sybil attack}[60]에 대한 보호 역할도 한다. 이는 비트코인 **P2P** 네트워크에서 다수가 합심해 임의로 프로토콜에 대한 참여를 시작(또는 중단)할 수 있기 때문에 필요하다.

이 관점에서 보면 작업 증명은 공격자가 새로운 블록을 만들기 위해 그만큼의 계산 자원이 반드시 필요하게 만들므로 합의 프로세스에 직접적인 영향을 미친다.

이 절에서는 작업 증명의 기본적 성질을 알아보고 비트코인의 채굴 과정이 어떤 식으로 돼 있는지 알아본다. 또 비트코인에서 작업 증명의 난이도를 조정하는 방법을 설명하고 타깃과 난이도^{difficulty}의 차이에 대해 설명한다. 마지막으로 안전의 보장과 함께 블록체인 포크와 이중 사용 같은 예외 상황에 대해 알아본다.

4.3.1 작업 증명 아이디어

보안에 작업 증명(PoW)의 개념을 수행하려는 아이디어[8]는 도크^{Dwork}와 동료인 백[10], 피니[70] 등에 의해 개발되고 발전해왔다. 작업 증명 방식의 역사는 물론 첫 구현 방식에 대한 내용이 [10]에 요약돼 있다. 해시캐시의 개념을 설명하기 위해 여기서는 해시슬래시^{hashslash}라 불리는 해시캐시 기반의 스로틀링^{throttling}에 대한 예를 들어본다. 해시슬래시는 동일한 원리에 기초하고 있지만 다른 구현 방식과 비교해 조금 차이가 있다. 해시슬래시에서의 **PoW**는 스팸 발송자가 익명의 메일 릴레이를 통해 메일을 보내는 것이 반드시 많은 계산 자원을 소모하도록 하는 것이 목적이었다[10, 63]. 발송자의 신원은 보호되므로 이러한 시나리오에서는 인증 절차가 불가능하다. 그러므로 메일 서버는 메시지를 릴레이하기 전에 인증 방법의 하나로서 계산량이 많이 소모되는 문제에 대한 해답을 요구한 것이다.

해시슬래시에는 작업 증명이 추가적인 이메일 헤더를 사용해 구현됐다. 헤더에 있는 **SHA1** 해시 값이 정해진 수 이상의 일련의 0으로 시작되는 값이어야 하도록 구현했으며,

---

8   3장을 참고하라.

이를 만족한 경우에만 헤더가 유효한 작업 증명으로 인정받았다. 이메일 전송을 원하는 일반적인 사용자는 전체 헤더의 SHA1 합이 요구되는 개수의 0비트로 시작되도록 하는 난스^{nonce}값을 찾아야만 했다. 리스트 4.2는 유효한 난스 값이 369가 되는 예를 보여준다. 해시 함수의 출력에 대한 요구에 더해 헤더는 다음 구조를 따라야 한다.

- 버전 정보(1)
- 0비트 개수, 즉 목표(12)
- 유닉스 타임스탬프(1231002905)
- 상대방 이메일 주소(satoshi@gmx.com)
- 작업 증명 재사용을 방지할 랜덤 수(rluN7en).
- 유효한 답을 찾기 위해 계속 증가시키는 카운터 또는 난스

리스트 4.2 해시 슬래시에서의 작업 증명

```
1  $ echo -n "1:12:1231002905:satoshin@gmx.com:rluN7en:369" | sha1sum
2  000c2c9c9e601fa2aef6eb80c9d6f2361f99f6a4
```

이 예제에 대한 무차별 대입식 검색 방법은 리스트 4.2에 나와 있고, 리스트 4.3에서 보는 것처럼 배시^{bash} 스크립트 한 줄이면 된다. 해시슬래시에 대한 이 특정 예에서는 대략 2^{12}번 정도 시도한 후에 해답을 찾을 수 있었다. 해답을 찾는 확률을 계산하는 것에 대해서는 4.3.2절을 참고하라.

리스트 4.3 해시슬래시의 유효한 PoW 찾기

```
1  $ for i in { 1..10000}; do echo —n " 1:12:1231002905:satoshin@gmx.com::rluN7en:$ i" |
     sha1sum | grep "^000" && echo " i= $i"; done
```

4.3.2 일반적인 작업 증명

전산학에서의 작업 증명(PoW)이란 증명하려는 자가 검증하려는 자에게 자신이 특정 과제 해결을 위해 계산 자원(예: CPU와 메모리)을 투입했음을 알려주는 방법을 의미한다. 이러

한 증명을 구축하는 방법에 관해서는 여러 가지 다른 정의와 요구 사항이 있다[44, 63, 83, 142]. 여기서는 암호화 화폐의 맥락에 관련된 측면에만 초점을 맞춘다. 이 영역에서는 이러한 종류의 퍼즐을 종종 해시 퍼즐[119], 계산 퍼즐, 적당히 어려운 퍼즐 또는 스크래치 오프^{scratch-off} 퍼즐[109] 등으로 부른다. 추상적 관점에서는 암호화폐의 문맥에서 PoW가 수행해야 하는 주요 특성을 다음과 같이 요약할 수 있다.

1. 모든 PoW는 검증이 쉬워야 한다.
2. PoW를 만드는 것은 어렵다.
3. PoW의 난이도는 매개변수화할 수 있다.
4. 이전에 생성된 PoW는 재사용할 수 없어야만 한다.
5. 사전에 미리 PoW를 생성해두고 나중에 사용할 수 있는 방법이 없어야 한다.

처음 세 가지는 PoW의 기본적 요구 사항이고 다른 응용프로그램에서도 깊은 관련이 있다. 요구 사항 4와 5는 특히 암호화 화폐와 관련되며 이 절에서 설명한다. 이를 위해 먼저 4.3.1절의 초반에 다룬 해시슬래시 예를 다시 살펴본 후 방금 열거한 요구 조건에 부합하는지 알아보자.

요구 사항 1, 2, 3은 기저 암호화 해시 함수의 성질에 의해 잘 만족한다(배경을 위해 2.1.1절을 보라). 모든 PoW 값은 기저 해시 함수의 결과이기 때문에 해시 함수를 동일한 입력에 대해 재실행해보기만 하면 검증할 수 있으므로 PoW를 검증하기는 매우 쉽다. PoW를 생성하는 것은 매우 어렵다. 즉 무차별 대입법만이 유일한 방법이며 암호화 해시 함수의 특정 출력에 해당하는 메시지를 생성하기는 불가능하다(원상 회피성). 유효한 PoW로 인정되는 해시 값의 범위가 정해져 있으므로 PoW의 난이도는 매개변수화할 수 있다. 이 범위를 늘리거나 줄이면 PoW가 더 쉬워지거나 더 어려워지게 된다.

이전에 생성된 PoW의 재사용(4)은 서버 쪽의 헤더라인 구조를 통해 못하도록 한다. 헤더에는 타임스탬프, 수신자, 고유한 랜덤 값이 들어있어야 한다. 추가적으로 서버는 랜덤 값을 검사해서 이전에 사용되지 않은 것이 맞는지 확인한다. 이 원칙이 지켜지면 동일한 수신자에 대해서도 이전의 유효한 PoW를 재활용하기는 불가능하다.

이전에 사용된 랜덤 값을 확인하기 위해 서버에서 사용해야 할 저장 공간을 최소화하고자 서버는 특정 시간 간격 내의 랜덤 값만 보관하고 더 오래된 타임스탬프를 가진 메시지는 모두 유효하지 않은 것으로 폐기할 수도 있다.

이제 해시슬래시가 마지막 성질인 (5)도 만족하는지 알아보자. 유효한 PoW를 미리 생성해두고 나중에 사용할 수 있을까? 그렇다. 불행히도 단순히 미래에 발송하고자 하는 시점의 타임스탬프에 맞추기만 하면 임의의 개수의 유효한 헤더를 미리 만들어둘 수 있다. 이 경우 공격자는 원하는 만큼의 PoW를 미리 생성해둔 다음 원하는 시점에 사용해 서버에 유효한 메시지 폭탄을 투하할 수 있다. 비록 이러한 공격이 이론상으로는 가능하지만 여전히 공격자는 상당한 양의 계산 자원을 헤더 계산을 위해 소비해야 한다. 그러므로 많은 스팸 메시지를 보내는 것은 여전히 계산 자원을 많이 소모해야 하는 과제인 셈이다

암호화폐에서 이 과제를 어떻게 처리했는지 알아보기 전에 먼저 이 맥락에서 PoW의 성질에 대해 형식을 갖춰 정의해보자. 이 분야는 급속히 발전하고 있으므로 여러 정의가 있다[109, 119]. 여기서는 나라얀Narayan과 동료들[119]의 해시 퍼즐 정의를 사용하기로 한다. 이 정의는 일반적이라기보다 특별히 비트코인 같은 PoW 블록체인에 특화돼 있기 때문이다. 그 결과 상대적으로 단순하다.

해시 퍼즐:　앞서 설명한 다섯 가지 요구 사항을 고려해서 나라얀과 동료[119]의 해시 퍼즐에 부합하게 다시 정의하면 4.2와 같다.

정의 4.2　해시 또는 퍼즐 탐색은 다음 요소들로 이뤄진다.

- 암호화 해시 함수 $H()$
- 랜덤 값 r
- 목표 집합 S

해답은 다음을 만족하는 값 x다.

$$H(r||x) \in S$$

이 경우 랜덤 값 r은 앞서 설명한 성질 4와 5를 만족하기 위해 필요하다. 해시 퍼즐 관점에서 보면 암호화 해시 함수의 '원상 회피성' 성질은 은닉 성질에 의해 확장된다. 이는 랜덤 수 r을 사용해 최소 엔트로피^min-entropy를 가진 상태(즉 단순한 동전 던지기의 결과인 앞면과 뒷면)라도 입력 x를 추정하지 못하기 때문에 가능하다. 랜덤 수가 높은 최소 엔트로피를 가지면 최소 엔트로피 상태라도 그 입력(즉, x가 앞면인지 뒷면인지)을 알아낼 수 없다.

암호화 화폐의 경우 랜덤 값 r은 미리 계산됐거나 이미 사용된 PoW를 재사용하는 것을 방지하기 위해 사용되고, 이를 통해 채굴자가 사전에 미리 PoW를 계산해두지 못하도록 보장해준다. 그러므로 r은 채굴에 참가한 사람 모두 접근 가능한 랜덤화 소스에서 발생해야 한다. 비트코인에서는 이전 블록(즉 바로 직전에 생성된 블록)의 암호화 해시 값이 블록 헤더에 포함되도록 구성함으로써 이 문제를 해결했다. 이런 구조하에서는 직전 블록이 완성되기 전에 유효한 PoW의 해를 찾는 채굴 행위를 미리 시작하기가 불가능하다. 예를 들어 타임스탬프는 어느 일정 시각 이내여야 한다. 게다가 이전 블록 해시의 값(즉 이전 PoW)은 암호화 해시 함수의 출력이므로 부분적으로 랜덤이다. 다시 말해, r이 누구나 접근할 수 있는 랜덤성이며 사전에 알 수 없다면 PoW의 조건에 대한 모든 성질은 해시 퍼즐 구성에 의해 만족하게 된다.

4.3.3 비트코인에서의 작업 증명

이 절에서는 비트코인 PoW의 자세한 구조와 필요 0비트, nBits, 타깃, 난이도 같은 개별 변수의 관계에 대해 알아본다. 또 필요한 계산 횟수와 그에 따른 PoW의 난이도에 대해 추정하는 방법을 알려준다.

해시 함수 $H()$: 비트코인은 서로 다른 두 가지 암호화 해시 함수 구조를 가진다.

- 주 해시: $H_M(x) = \text{SHA256}(\text{SHA256}(x)) = \text{SHA256}^2(x)$
- 주소 해시: $H_A(x) = \text{RIPEMD160}(\text{SHA256}(x))$

이 분석에서는 PoW에만 관심 있으므로 H는 주 해시의 인스턴스로 간주하며 이는 해당하는 블록 헤더로 구성된 입력 x에 대해 SHA256을 두 번 호출해 계산된 값이 된다.

$$H(x) = H_M(x) \tag{4.1}$$

값 n은 대개 해시 함수 결과의 길이를 비트 수로 나타낸 값이다. SHA256의 경우 $n = 256$이다. 따라서 가능한 출력 개수는 다음과 같이 정의된다.

$$\begin{aligned} n &= 256 \\ N &= 2^n \end{aligned} \tag{4.2}$$

필요 0비트 z: 변수 z는 $H(x)$에서 $H(x)$의 결과가 유효한 것으로 인정받기 위해 요구되는 연속된 최초 0비트의 개수를 의미한다. 다시 말해, $H(x)$가 타깃 집합 S에 속하면 x는 유효한 PoW로 간주된다. 관련된 여러 논문에서 가끔 z 대신 변수 t를 사용하기도 하지만 t는 시간을 나타내는 것(예를 들어 다음 블록을 찾기 위한 평균 시간 등)으로 혼동될 수 있다. 비트코인에서 사용되는 최소 필요 0비트 값은 $z = 32$다. 필요 0비트 z 값으로 표현할 수 있는 최대 값은 $2^{n-z} - 1$이다.

필요 0비트는 비트코인의 PoW 난이도를 대략적으로 추정할 때 많이 사용되는 단순한 지표다. 정밀한 검증을 위해서는 **nBits** 값이 사용되는데 이는 실제 타깃을 압축해서 표현해둔 것이다.

타깃 T: 주어진 타깃 값 T보다 작거나 같은 출력 $H(x)$를 생성하는 모든 입력 x는 PoW 퍼즐에 대한 유효한 해답이다. 그러므로 타깃 T는 출력 $H(x)$에 대한 상한 값을 정의한다.

비트코인에 사용된 작업 증명은 암호화 해시 함수 SHA256의 부분적인 '원 이미지 공격'에 기반하고 있다[121]. 이 과정은 SHA256(SHA256(블록 헤더)) $\leq T$를 만족하는 현재 블록 헤더와 난스의 조합을 찾는 것으로 정의할 수 있다. 비트코인의 블록체인은 (1) 필요한 메타 정보(즉, 이전 블록의 해시 값)를 가진 상수 변수, (2) 특정 자유도로 결정된 변수(즉, 이 블록에 속한 트랜잭션의 머클 트리 루트 해시), (3) 임의의 변수(즉 난스)로 구성된다. 자세한 구조는 그림 4.6에 나와 있다.

SHA256 해시 함수를 체인시키는 것(즉 $SHA256^2(x)$)은 특정 공격 가능성을 낮추지만 일반적으로 PoW의 난이도에는 큰 영향을 주지 못한다. 이 함수에 대한 입력 x는 유효한 비트코인 블록의 블록 헤더다. 블록 헤더에는 무차별식 대입 탐색 동안 임의로 변경할 수 있는 변수인 난스가 들어있다. 정의 4.3은 비트코인에서의 PoW 유효성 기준을 보여준다.

정의 4.3 비트코인의 PoW는 다음을 만족하는 해시 함수 $H()$의 입력 x를 찾는 것으로 정의된다.

- x는 유효한 블록 헤더로서 메타데이터와 무차별 탐색 동안 임의로 변경할 수 있는 변수인 난스로 이뤄진다.
- $H()$의 출력은 타깃 값 T보다 작거나 같다.

$$X = 블록\ 헤더 = 메타데이터\ \|\ 난스$$
$$H(x) = SHA256(SHA256(x)) = SHA256^2(x) \leq T$$

예를 들어, 출력 크기 $n = 4$비트인 암호화 해시 함수 H가 있고 작업 증명 요구 비트 $z = 2$라면 이 작업 증명의 유효성은 다음 수식 4.3을 이용해 확인할 수 있다.

$$H(x) \leq 2^{n-z} - 1 \tag{4.3}$$

```
1   >>> n = 4
2   >>> z = 2
3   >>> T = 2 **(n-z )-1
4   >>> 0b0111 <= T
5   False
6   >>> int (0 b0111 / (T+1) ) < 1
7   False
8   >>> 0b0010 <= T
9   True
10  >>> 0b0011 <= T
11  True
12  >>> int (0 b0011 / (T+1) ) < 1
13  True
```

타깃 T가 256비트 값임을 생각해보면 맨 앞의 연속된 0의 개수란 명백히 PoW 퍼즐의 유효한 해 집합이 가질 수 있는 크기와 연계됐음을 알 수 있다. 0의 개수 값이 커질수록 유효한 해답의 개수가 줄어들므로 결과적으로 PoW를 찾기가 힘들어진다. 비트코인에서 정의된 가능한 가장 큰 T(즉 가장 쉬운 PoW)는 $T_{\max} = 2^{224}$이다.

난이도 D: 비트코인 PoW 퍼즐의 어려운 정도는 난이도를 통해 나타낼 수 있는데 최대 타깃과 현재 타깃의 비율로 정의된다.

$$D = \frac{T_{\max}}{T_c} \tag{4.4}$$

nBits: nBits, Bits 또는 콤팩트 값은 256비트 타깃 값을 32비트로 압축해 표현한 것이다. 타깃 값이 주어진 nBits 값을 이용해 계산되면, 이를 유도된 타깃 혹은 타깃 문턱 값이라 한다. nBits 값으로부터 실제 타깃 값을 도출하는 방법이나 혹은 그 반대 계산식을 반드시 알아야만 PoW의 일반 기능을 이해할 수 있는 것은 아니다. 그러나 비트코인 코어 내부에서 PoW의 계산과 관련된 것은 유도된 타깃에 기반하고 있으므로 호기심 많은 독자들은 그 변환 방법을 알아둘 필요가 있다.

다음은 블록 헤더에 저장된 nBits 값 30c31b18로부터 유도된 타깃 T를 계산하는 예제다. 이 값은 리틀 엔디언 방식으로 저장돼 있으므로 빅 엔디언으로 다시 쓰면 0x181bc330과 같다. 리스트 4.5는 [23]에 있는 계산을 보여준다. 타깃을 도출하는 작업은 다음과 같다.

1. 블록 헤더에 있는 원시 리틀 엔디언 nBits 값

$$nBits_L = 0x30c31b18$$

2. 블록 헤더의 원시 빅 엔디언 bBits 값

$$nBits_B = 0x181bc330$$

3. 타깃의 최상위 바이트, 즉 가수^{mantissa}를 골라낸다.

$$T_{MSB} = 0x1bc330$$

4. T_{MSB}에 곱하는 수는 밑이 256이 되고, 지수는 0x18에서 (최상위 바이트의 개수인) 3을 차감한 값이 된다.

$$T = 0x1bc330 * 256^{0x18-3}$$

리스트 4.5 nBits에서 타깃을 도출하는 방법

```
1   n B i t s    =                0x30c31b18
2   nBits_be = 0x181bc330
3   T        = 0x1bc330       *    256 ^ (0x18    -        3)
4
5              Significand         Base   Exponent    Number of bytes in significand
6              ( Mantissa )
7
8   T        = 0 x1bc33000000000000000000000000000000000000000000000
```

유효한 PoW를 찾을 확률

타깃 T보다 작거나 같은 값을 찾을 확률은 수식 4.5에 정의돼 있다.

$$Pr(x \leq T) = \frac{T}{2^n} \tag{4.5}$$

타깃이 0비트 개수에 의해서만 정의된다면 확률은 수식 4.6으로 정의될 수도 있다.

$$Pr(x \leq T) = 2^{-z} \tag{4.6}$$

T보다 작거나 같은 값을 찾지 못할 확률은 수식 4.7에 정의한 것과 같다.

$$1 - Pr(x \leq T) = 1 - \frac{T}{2^n} = \frac{2^n - T}{2^n} \tag{4.7}$$

y번 시도 만에 T보다 작거나 같은 값을 찾을 확률은 y번 동안 T보다 작거나 같은 값을 찾지 못할 확률의 반대 확률과 같다.

$$Pr(x \leq T \text{ in y tries }) \approx 1 - (Pr(x \leq T))^y \tag{4.8}$$

수식 4.9는 타깃보다 더 작거나 같은 값을 찾을 때까지 평균적으로 시도해야 하는 계산 횟수/시도의 근삿값을 보여준다.

$$\frac{1}{Pr(x \leq T)} \approx \frac{2^n}{T} \approx 2^z \tag{4.9}$$

4.3.4 채굴

채굴이란 블록체인의 현재 상태에 대한 합의에 이르기 위한 수단으로 PoW의 해를 찾고 이를 퍼트리는 과정을 의미한다. PoW의 해를 찾고 제공하는 작업에 활발히 참여하는 노드를 채굴자라고 부른다. 채굴자는 암호화폐의 보안을 위해 자신의 계산 자원을 투입하는 노력에 대한 보상으로 채굴된 암호화폐(즉 비트코인)를 수령한다. 채굴자는 언제든 채굴에 참여하거나 떠날 수 있으므로 전체 채굴 파워는 이에 따라 증가되거나 감소된다. 그러므로 PoW 블록체인은 PoW의 난이도를 조절해 새로운 블록이 항상 일정한 간격을 두고 생성되도록 해야 한다. T 값이 작을수록 가능한 해의 개수가 적어지므로 결과적으로 PoW의 난이도는 어려워진다. 비트코인에서 T의 최댓값은 $T_{\max} = 2^{224}$로 정의된다. 이는 맨 앞에 32비트의 0이 있는 것이므로 평균 2^{32}번의 시도 만에 해를 찾게 된다. 2016년 12월 기점으로 현재의 타깃은 $T_c = 2^{224}/254620187304$다. 현재의 타깃은 해를 찾기 위해 대략 2^{69}번의 시도가 필요하다. 블록 생성 간격을 10분으로 유지하기 위해 매번 2,016개의 블록이 생성될 때마다 소요된 시간 t의 함수로 정의된 새로운 타깃 T_n을 설정한다.

$$T_n = T_c * \frac{t}{2,016 * 10\text{분}} \tag{4.10}$$

새로운 블록을 찾을 확률은 지수적으로 분포돼 있고 블록체인은 난이도를 조절하는 동안 모든 채굴자의 행동을 고려할 수 없으므로 채굴 보상금은 일정하지 않은 시간 간격으로 지급된다. 블록을 찾기 위한(즉 유효한 PoW) 평균 시간(MTTB)은 전체 해시율에 대한 비율 p에 대해 계산할 수 있다. 블록 생성 주기가 10분이고 전체 네트워크 해시율에 대해 p%를 가지고 있다면 다음 블록을 찾기 위한 평균 시간은 수식 4.11로 계산할 수 있다.

$$MTTB = \frac{10\text{분}}{p} \tag{4.11}$$

일정한 수익을 생성하기 위해 채굴자들은 서로 모여 채굴 풀을 구성한 후 자신들의 자원을 공유하고 보상금을 나눠 가진다[102, 137]. 풀로 형성된 채굴자들의 보상금 배분과 게임 이론 측면의 연구는 [67, 102, 137]에서 찾아볼 수 있다. 채굴 풀의 최적화된 전략은 적대 적 행동과 이기적 채굴의 관점에서 설명된 문헌을 참고해보면 된다[82, 120, 135].

유한한 공급

비트코인 생태계에서의 최소 화폐 단위는 사토시다. 1비트코인은 $1*10^8$사토시다. ISO 4217에 따른 비트코인의 화폐 심볼은 XBT지만 커뮤니티는 여전히 BTC를 심볼로 쓰고 있다. 대개 2,100만 개의 발행량이 암호화 기법으로 제한돼 있다고 잘못 알려져 있지만, 이런 인위적인 제한은 사실 프로그램적으로 코딩돼 있다. 대다수의 비트코인 사용자들이 비트코인 코어에 구현돼 있는 규칙을 따른다면, 채굴 보상금을 발행하는 알고리즘에 의해 전체 발행량은 2,100만 개로 제한된다. 매번 21만 개의 블록이 생성될 때마다 새로운 보상 금 체계가 생성돼 보상금은 반으로 줄어든다. 알고리즘은 표 4.3처럼 33개의 체계로 이뤄 진다.

표 4.3 이 책에서 사용되는 표기법, 심볼, 정의들

체계	보상금	시각
1	50BTC	2009-01-03
2	25BTC	2012-11-28
3	12.5BTC	2016-07-09
4	6.25BTC	–
...	...	
33	0.00000001BTC	–

최초 보상금이 **50BTC**(즉 50 * 10^8사토시)로 설정됐으므로 비트코인의 전체 발행량 s는 수 식 4.12와 같다.

$$s = \frac{\sum_{i=0}^{32} 210000 \lfloor \frac{50*10^8}{2^i} \rfloor}{10^8} \tag{4.12}$$

4.3.5 블록체인 포크

앞 절에서 채굴의 작동 원리와 PoW의 계산법에 대해 알아봤다. 남아있는 의문은 두 채굴자가 거의 동시에 블록을 찾게 되면 어떻게 될 것인가다. 후속 절에서는 블록체인 포크 blockchain fork라 불리는 이러한 충돌을 PoW 블록체인에서 어떻게 해결했으며 이중 사용 공격을 위해 공격자들이 이 해법을 어떻게 악용했는지에 대해 설명한다.

두 채굴자가 거의 동시에 유효한 블록을 찾았다면, 네트워크 전파 지연 시간으로 인해 서로는 이를 인식하지 못한다. 그 결과 둘 다 비트코인 P2P 네트워크에 자신의 블록을 퍼트리기 시작한다. 이러한 경우 네트워크 내의 노드들은 기존 블록체인에 추가해야 할 서로 다른 블록에 직면하게 된다. 블록 내에 유효하지 않은 트랜잭션이 포함되는 등의 이유로 인해 블록 자체가 PoW 정의에 부합되지 않는다면, 정직한 노드에 의해 그 블록은 더 이상 전파되지 않고 바로 폐기될 것이다. 그러나 우연한 블록체인 포크의 경우는 두 블록 모두 유효하지만 네트워크의 현재 상태에 대해 서로 다른 값을 가지고 있을 뿐이다(물론 우연히 동일할 수도 있다). 예를 들어 블록 내부에 담긴 트랜잭션들이 다를 수도 있고(노드별로 수신한 트랜잭션이 다를 수 있으므로), 트랜잭션 순서가 다를 수도 있다. 더구나 두 채굴자는 모두 정당한 PoW를 찾았으므로 합당한 보상금을 요구할 것이다.

분산 암호화 화폐의 모든 목적은 트랜잭션의 전체 순서를 보장하고 이중 사용 문제를 해결하는 것이므로 유효한 블록 중 오직 한 개만 주 체인에 추가될 수 있다. 주 체인에 추가되지 못한 유효한 블록을 스테일 블록 stale block이라 한다.[9]

두 유효한 블록의 충돌을 해결하는 것도 PoW의 성질을 이용한다. 현재 구현된 방식에 따르면, 이 경우 채굴자는 임의로 하나의 블록을 선택한 후 체인에 추가한다. 그 전에는 대개 먼저 도착한 블록을 고르도록 돼 있었지만 4.3.7절에서 설명한 보안상의 이유로 인해 앞서 설명한 랜덤 방식으로 변경했다. 기본적으로 채굴자들은 두 블록이 모두 유효하다면 어떤 블록을 선택할 것인지 전적으로 스스로 알아서 결정한다. 두 블록 중 하나의

---

9 이 맥락에서 '고아 블록'이라는 용어도 사용되지만 엄밀한 관점에서는 옳지 않은 표현이다[23, 68]. 고아 블록은 주 체인(가장 긴 체인)에서 현재는 부모 블록이 없어진 블록을 의미한다.

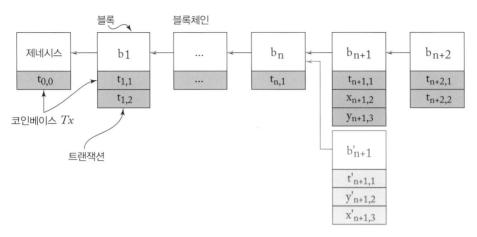

그림 4.3 블록체인 포크의 경우 블록체인 충돌 해결

후속 블록이 생성되는 순간 가장 긴 체인의 일부가 되는 것이다. 두 블록 중 더 많은 채굴자가 선택한 블록이 후속 블록 생성을 위해 더 많은 계산 자원이 투입될 것이므로 확률적으로 주 체인의 일부가 될 가능성이 높아진다. 이른바 '가장 긴 체인 규칙'에 따라 이러한 충돌은 해결된다. 좀 더 상세히 설명하자면 사실 가장 긴 체인이라기보다는 계산하기 가장 어려운 체인, 즉 누적 난이도가 가장 높은 체인이다. 이는 공격자가 이전에 낮은 난이도를 가진 체인을 이용해 유효한 가장 긴 체인을 쉽사리 생성하지 못하도록 방지하는 역할을 한다. 그림 4.3은 블록체인 포크를 성공적으로 해결하는 모습을 시각화해서 보여준다. 이 경우 블록 높이 $n + 1$에서 블록체인 포크가 일어났고 두 개의 유효한 블록 b_{n+1}과 b'_{n+1}이 존재한다. 이 블록은 동일한 트랜잭션 x, y를 가지고 있지만 그 순서가 다르다. 블록 헤더의 특정 값이 다를 수도 있지만(예: 난스나 타임스탬프), 이 두 블록의 주된 차이는 코인베이스 트랜잭션 $t_{n+1,1}$과 $t'_{n+1,1}$로서 각각 블록의 채굴자에게 주어지는 서로 다른 보상이다. 블록 b_{n+2}가 생성되고 배분되자마자 충돌은 해소되고 블록 b'_{n+1}이 스테일 블록으로 간주된다.

2015년 후반 24,000개의 블록을 실제로 관찰해본 결과 0.41%의 스테일 블록이 발생한 것으로 조사됐다[79]. 스테일 블록 비율은 블록이 왜 스테일됐는지에 대한 구체적인 정보를 제공하지는 않는다는 점에 주목하자. 이는 우연한 블록체인 포크일 수도 있고 이중 사용 공격을 목표로 한 결과일 수도 있다(4.3.6절을 참고하라). 그렇다 하더라도 스테일 블록 비율은 작업 증명 블록체인의 보안성과 안전성에 관련된 흥미로운 척도이므로 특정 프로토콜의 설계 관점에서는 고려해야만 한다. 예를 들어 '고스트^{GHOST, Greedy heaviest observed subtree}처럼 스테일 블록을 고려한 프로토콜 수정은 더 빠른 블록 시간 간격을 가능케 해서 높은 스테일 블록 비율 맥락에서 보안 성질을 개선하는 데 도움이 된다.

4.3.6 이중 사용

중앙 집중 시스템에서는 계정별로 하나의 항목만 기록돼 있으므로 이중 사용은 쉽게 발각된다. 분산 암호화 화폐에서는 이중 사용 공격을 방지하는 것이 핵심 문제가 된다. 이 절의 나머지 부분에서는 비트코인과 다른 PoW 기반의 암호화 화폐에서 이러한 공격을 어떻게 해결했는지 설명한다.

메롤리가 비트코인 생태계에서 이중 사용을 시도하는 경우를 가정해보자. 메롤리가 이중 사용을 시도하려면 물건을 사기 위해 필요한 비트코인을 소유하고 있어야 하며, 비트코인을 물건 값으로 받으려는 가게가 있어야 한다. 예제에서 상점 주인 이름은 앨리스며, 그녀가 비트코인과 미국 달러의 환전 서비스를 제공하고 있다고 가정하자. 메롤리가 이중 사용을 시도하는 핵심은 앨리스에게 비트코인을 주겠다고 안심시킨 후 미국 달러를 받으면서 동시에 비트코인 네트워크의 나머지 구성원에게는 이러한 거래가 일어난 적이 없던 것처럼 꾸미는 것이다. 이를 위해 메롤리는 동일한 미사용 트랜잭션 출력(UTXO)을 참조하는 서로 상충되는 두 개의 트랜잭션을 생성한다. 예제에서는 비트코인의 트랜잭션이 가변 개수의 입력과 가변 개수의 출력으로 구성된다는 것만 알면 된다. 각 입력은 아직 사용되지 않은(즉 잠금이 해제되지 않은) 이전 트랜잭션 출력을 잠금 해제한다. 더 자세한 정보는 트랜잭션 형식에 대해 상세히 설명한 4.2.4절을 참고하라. 상위 레벨에서 비트코인 트랜잭션은 다음을 만족하면 유효한 것이다.

- 입력은 아직 사용되지 않아서 UTXO 집합에 소속돼야 한다.
- 입력에 있는 해제된 모든 화폐 단위(사토시)의 합은 출력에 있는 사토시의 합보다 크거나 같아야 한다.

- 모든 입력의 스크립트 프로그램 코드가 정확하다(즉 이 트랜잭션에 대한 모든 암호화 서명이 올바르다).

이전 트랜잭션의 동일한 출력을 참조하는 트랜잭션 입력이 있으면 그중 한 가지만 유효하다. 메롤리는 동일한 UTXO를 참조하는 모순되는 트랜잭션 x와 x'를 생성했으므로 두 트랜잭션은 서로 배타적이다. 트랜잭션 x는 정상적으로 앨리스에게 지급되는 트랜잭션이지만 x'는 앨리스에게 지급해야 될 돈을 맬로리 자신에게 되돌리는 트랜잭션이다. 이제 메롤리는 이중 사용을 시도하면서 앨리스에게서 원하는 거래를 시도한다. 이에 대해서는 세 가지 단순화된 경우가 가능하다.

0 확인 공격: 이 경우 앨리스는 비트코인 네트워크에서 확인되지 않은 트랜잭션을 받자마자 물건(즉 미국 달러)을 보낸다. 아직 트랜잭션은 블록에 포함되지 않았으므로 0 확인이다. 이러한 시나리오에서는 메롤리가 앨리스의 IP 주소를 알 수 있으면 앨리스 서버에게 직접 트랜잭션 x를 전송함으로써 이중 사용을 시도할 수 있다. 동시에 메롤리는 서로 모순되는 트랜잭션인 x'를 나머지 네트워크에 전송한다. 이 모순되는 트랜잭션은 동일한 UTXO를 메롤리가 가지고 있는 다른 비트코인 계정/주소로 전송하도록 돼 있다. X'를 퍼트리면 메롤리는 x 대신 x'가 블록에 먼저 기록될 수 있는 기회를 증가시킨다.

1 확인 공격: 이 경우 앨리스는 x가 한 번 확인될 동안(즉 최상단 블록체인에서 블록 b_{n+1}에 포함될 때까지) 기다렸다가 물건을 전송한다. 이 경우 메롤리가 이중 사용에 성공하려면 b_{n+1}을 대체할 수 있는 블록체인 포크의 다른 블록 b'_{n+1}에 자신의 트랜잭션 x'가 포함돼야 한다. 그림 4.4는 이 경우의 성공적인 이중 사용을 보여준다.

n 확인 공격: 개념적으로 이 종류의 공격은 1 확인 공격과 유사하지만, 이 경우 앨리스는 거래 금액에 비례해 더 많은 확인을 기다리게 된다. 확인된 블록을 많이 기다릴수록 더 긴 충돌 포크를 동원해야 이중 사용에 성공할 수 있다. 따라서 이 방법은 앨리스가 이중 사용 공격에 대처할 수 있는 가장 좋은 전략이다. [79, 141]에서는 트랜잭션 금액에 따른 이러한 전략을 설명하고 있다. 비트코인은 원칙적으로 확률적 합의에 기반하고 있으므로 확

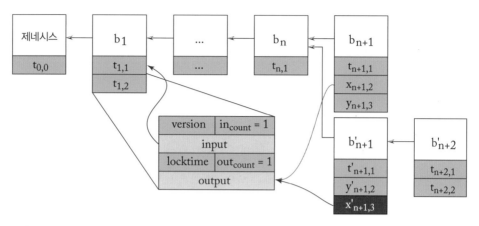

그림 4.4 1 확인 블록만 기다린 상인의 경우 가능한 이중 사용 공격

인 수와 관계없이 이중 사용을 100%(즉 확정적) 막을 수 있는 방법은 없지만, 확인 수에 기하급수적으로 비례해 이중 사용 성공 확률은 떨어진다[92, 134].

그림 4.5는 나카모토[117]와 로젠펠드Rosenfeld[134]에 의해 계산됐던 원래의 이중 사용 성공 확률을 보여준다. 그러나 이 계산은 이기적 채굴[69] 같은 블록 유보 공격이나 이클립스eclipse 공격[87], 또는 이들을 조합한 완고한stubborn 채굴[120] 같은 것은 고려하지 않고 있다.

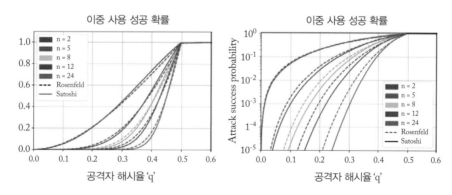

그림 4.5 나카모토[117]와 로젠펠드[134]의 계산에 따른 공격자의 해시율별 이중 사용 공격 성공률. 왼쪽은 선형 스케일의 확률이고 오른쪽은 로그 스케일이다. 색깔은 서로 다른 b 확인 블록을 의미한다.

4.3.7 이중 사용 성공 확률

비트코인의 보안 성질은 정직한 채굴자가 대다수의 채굴 파워를 가지고 있다는 가정에 기반한다. 비트코인 초창기에는 블록체인의 안전성을 유지하기 위해서는 정직한 해시 파워가 과반을 넘어야 한다고 결론 내렸다[108, 117, 134]. 부정직한 채굴자가 대다수의 채굴 파워를 가지게 되면 블록체인의 신규 트랜잭션을 조절할 수 있고, 트랜잭션 수수료를 통제해서 새로운 채굴 코인의 공급에 영향을 미칠 수 있다. 다시 말해, 신뢰받는 제3자 없이도 잘 작동하도록 설계된 분산 시스템의 모든 성질은 채굴자의 독점에 장악돼버린다.

최근 연구 결과, 채굴 파워의 대다수를 차지하지 않고도 공격할 수 있는 방법을 알아냈다. 대표적인 것들이 이기적 채굴[135]에 의한 블록 유보나 이클립스 공격[37], 또는 이들의 조합을 의미하는 완고한 채굴[79, 120]이다. 이러한 공격들은 정보의 배분과 관련돼 있고 네트워크 일부를 고립시켜 단절된 클러스터들로 나누려고 시도한다. 새로 생성된 블록에 대한 정보를 유보하거나 감추게 되면 악의적 노드는 정직한 참가자들이 스테일^{stale}된 블록이나 이미 후속 블록이 있는 오래된 블록을 상대로 계산 자원을 낭비하도록 트릭을 쓸 수 있다. 이 방법을 통해 공격자는 가장 무거운 체인에 자신들이 만든 블록이 포함될 가능성을 높이면서 동시에 정직한 노드가 생성한 블록들은 버려지는 포크에 속할 가능성을 올리는 식의 불균형을 초래할 수 있다. 이러한 공격의 성공 확률은 채굴 파워 비중(α)과 공격자의 연결 레벨(γ)에 달려 있다. 이 매개변수의 특정 값 이하에서는 정직한 채굴자가 이러한 공격 전략을 이겨낸다. 제대로 연결되지 않은 공격자($\gamma \approx 0.1$)의 경우 이기적 채굴 공격이 성공하려면 $\alpha \geq 0.33$이어야 한다. 반 정도의 노드와 연결된 공격자의 경우($\gamma \approx 0.5$) $\alpha \geq 0.25$면 된다. 그러므로 현재로서는 공격 전략이 착한 행동을 이길 수 있는 보수적인 하한 선으로 25%를 사용하고 있다.

좀 더 형식적인 비트코인 보안 모델과 나카모토 합의는 6장에서 설명한다.

4.4. 네트워크와 통신 관리

이 서브시스템은 P2P 네트워크의 구조와 특성은 물론 기저 통신 방식과도 연계돼 있다. 이 맥락에서는 네트워크 내 서로 다른 개체에 대해 구분하는 것이 중요하다. 통상 노드라는 용어가 사용될 때는 합의 프로토콜에 활발히 참여하고 있는 개체, 예컨대 채굴자를 의미한다. 그러므로 여기서는 분산 시스템의 문헌에 나오는 용어를 따르기로 한다. 피어나 클라이언트라는 용어는 대개 화폐 P2P 네트워크에서 서로 연결된 모든 개체를 말하거나 적어도 이 네트워크에 접속하려는 개체를 말한다. 이는 채굴자 또는 합의에 참여하지 않는 클라이언트 프로그램 또는 SPV[10] 지갑처럼 전체 블록체인 복사본을 가지고 있지 않은 것을 모두 포함한다.[11]

비트코인과 암호화 화폐 커뮤니티는 노드나 피어라는 용어를 사용할 때 그 구분에 크게 신경 쓰지 않지만, 6장에서 분산 시스템의 측면에 대해서도 설명할 것이므로 여기서는 용어에 대한 좀 더 세밀한 구분이 필요하다. 완전 노드full node라는 용어는 블록 채굴을 통해 합의 프로토콜에 참가하지 않을 수도 있지만, 적어도 전체 블록체인 복사본을 저장하고 P2P 네트워크 내에 메시지를 전달하는 노드를 의미한다. 이 단어는 우리의 노드라는 정의에 대해 혼선을 초래할 수도 있지만 이 맥락의 암호화 화폐 분야에서 사용되는 용어를 따르기로 한다.[12]

비트코인 같은 PoW 블록체인은 온라인 시스템으로 분류되므로 가끔 다른 피어에 연결돼서 현재의 블록체인 상태에 대해 동기화해야 한다. 비트코인에서는 가십 프로토콜을 통해 기저 P2P 네트워크의 정보가 배분되고 수집된다. 이 프로토콜과 기저 네트워크 구조 및 이들이 만들어내는 특성은 이 절에서 설명한다. 여기서는 너무 자세한 설명은 피하고

---

10 Simplified Payment Verification의 약자로 블록체인의 전체 복사본을 가지고 있지 않으면서 트랜잭션의 유효성을 검증하는 프로세스를 의미한다.

11 노드나 피어에 대한 명확한 정의가 있는 것은 아니지만 저자의 정의는 다소 맞지 않다. 노드는 네트워크에 참여한 전부를 의미하며, 피어는 특정 노드 입장에서 자신과 직접적으로 연결된 노드를 의미한다. 따라서 피어와 노드는 동일하며, 단지 특정 노드 입장에서 직접적으로 연결됐는지의 여부에 따라 구분하는 것뿐이다. – 옮긴이

12 완전 노드가 반드시 채굴을 해야 합의 프로토콜에 참여하는 것은 아니다. 완전 노드가 되는 순간 합의 프로토콜에 참여할 수 있다. 다만 채굴에 참여하는지는 선택적인 행위이다. 따라서 채굴을 합의 프로토콜 참여와 동일시한 저자의 구분은 다소 잘못됐다. 합의란 상태에 대한 동의를 하는 행위지 반드시 채굴을 동반해야 하는 것은 아니기 때문이다. – 옮긴이

다음의 이유에 의해 상위 레벨의 설명만 하기로 한다. (1) 비트코인이 구현되고 나서 네트워킹 서브시스템은 몇 번 변경됐다. 이 변화 중 일부는 성능 향상을 위한 것이었지만, 다른 것은 시스템의 보안과 개인정보 문제를 해결하기 위해서였다. (2) 네트워킹과 통신 서브시스템의 자세한 내용은 동기화와 관련된 기본 성질을 만족하는 한 합의 시스템의 보안 문제와 반드시 연결돼 있지는 않다. 합의 알고리즘에서는 현재 접속된 노드 간의 전파 지연이 중요한데, 이는 블록 생성 주기에 비해 매우 낮다[12, 50, 51]. 일반적으로 이야기해서 사용된 합의 알고리즘은 기저 통신 시스템에 제약(혹은 필요조건)을 만든다.

4.4.1 시딩과 연결

P2P 클라이언트를 초기화하고 시작하는 첫 단계는 연결할 수 있는 피어를 찾는 것이다. 이를 시딩seeding이라 한다. 클라이언트가 처음으로 시작되면 접속을 시도해야 할 피어에 대한 정보가 전혀 없다. 그러므로 새로운 클라이언트가 부트스트랩할 수 있는 시딩 절차가 필요하다. 비트코인 코어는 현재 접속 중인 피어를 찾기 위해 다음과 같은 시딩 절차를 따른다. 이러한 연결을 받아들이는 접속된 비트코인 피어는 5,000~10,000개 정도다[50, 110].

1단계 이전 피어 조사: 우선 클라이언트는 이전 세션에서 접속했었던 알고 있는 호스트에 접속을 시도한다. 그러는 동안 몇 가지 요인에 따라 순위를 매긴 기법을 사용한다. 대개 특정 IP에 연결할 것인지 결정하는 요인은 다음과 같다. (1) 이 IP에 대해 알게 된 이후의 경과 시간, (2) 연결한 적이 있었는지 여부, (3) IP가 소속된 서브넷. 이를 통해 클라이언트가 동일한 개체에 의해 통제되는 특정 서브넷에만 지속적으로 연결하는 것을 방지해준다.

비트코인 코어를 --connect=<ip> 옵션으로 시작하면 지정한 IP 주소에 직접적인 연결을 시도한다. 이는 클라이언트를 위한 자신들만의 신뢰 서버를 운영 중인 경우에 유용할 수 있다.

2단계 DNS 시드 서버 조사: 클라이언트가 아직 피어에 연결되지 않았거나 장시간 오프라인이었다면 DNS 서버를 이용해 현재 활동 중인 피어를 검색한다. DNS 서버와 이름은 클라이언트 소프트웨어에 하드코딩돼 있고 250개의 IP 집합에 속한 주소를 돌아가며 반환한다.

3단계 대비책: 앞의 단계가 모두 실패하면 클라이언트는 대비책으로 사용할 수 있는 잘 알려진 하드코딩된 IP 주소를 사용한다. 게다가 클라이언트를 실행하기 전에 --addnode=<ip> 명령어 옵션을 사용하면 수작업으로 피어를 추가할 수도 있다.

클라이언트가 원격 피어에 접속되면 이 피어로부터 다른 클라이언트의 IP 주소를 알아볼 수 있다. 각 피어는 주소 풀(즉 최근에 접속했거나 현재 접속 중인 클라이언트)을 유지하고 있다. 클라이언트가 가질 수 있는 최대 접속은 모두 125개[13]로 돼 있다. 이 상수는 클라이언트 실행 시에 --maxconnections=<n> 옵션을 사용하면 변경할 수 있다. 일반적으로 클라이언트는 여덟 개 정도의 연결을 유지하고 있으므로 117개의 인입incoming 연결이 가능하다. 외부 연결 개수는 스타트업 옵션으로는 바로 변경할 수 없다.[14] 따라서 클라이언트가 네트워크 주소 해석기(NAT) 역할을 하는 라우터에 속해 있으면 단 여덟 개의 피어만 가질 수 있다. 서로 연결된 클라이언트가 자신의 피어에 대한 정보를 교환하는 방법은 두 가지가 있다.

- GETADDR: 클라이언트는 GETADDR 메시지를 통해 현재 연결된 다른 피어로부터 메시지를 요청할 수 있다. 그 결과 대개 약 1,000여 개의 주소를 받게 된다.
- ADDR: 특수한 경우 클라이언트는 IP 주소를 가지고 있는 요청하지 않은 ADDR 메시지를 받기도 한다.

4.4.2 네트워크 구조와 오버레이 네트워크

이론적으로 비트코인 P2P 네트워크는 랜덤 그래프를 형성해야 하지만, 밀러Miller와 동료에 의한 실질적인 결과에 따르면 70~708개의 연결점을 가지는 고차원 꼭지점/피어가 존재한다[110]. 더구나 그들은 비트코인에서 2%의 피어가 채굴 파워의 3/4을 차지한다는 것을

---

13 https://github.com/bitcoin/bitcoin/blob/a55716abe5662ec74c2f8af93023f1e7cca901fc/src/net.h#L78

14 https://github.com/bitcoin/bitcoin/blob/a55716abe5662ec74c2f8af93023f1e7cca901fc/src/net.h#L62

발견했다. 공개적으로 접근 가능한 피어 외에도 미지의 개수의 피어가 NAT 너머에 있다. 비트코인 P2P 네트워크에 대한 더 많은 정보는 [21, 51, 80, 87, 140]에서 찾을 수 있다.

　P2P 네트워크에 더해 비트코인 피버^{bitcoin fibre}[15]라 불리는 오버레이^{overlay} 네트워크가 있다. 이 네트워크는 비트코인 릴레이 네트워크로 알려져 있지만, 핵심 관리자인 매트 코랄로^{Matt Corallo}의 이름을 그대로 사용해서 부르기도 한다. 이 오버레이 네트워크의 목적은 채굴자 간에 빠른 연결을 통해 새로운 블록에 대한 정보를 즉시 교환하기 위한 것이다. 이는 채굴자 간의 네트워크 전송 지연으로 인한 블록체인 포크를 막기 위해 만들어졌다.

4.5 디지털 자산 관리

이 서브시스템에는 키와 트랜잭션 관리에 대한 모든 것이 들어있다. 예를 들면 다음과 같다.

- 공개 개인 키 쌍(즉 사용 가능한 주소)을 생성 저장
- 트랜잭션을 생성, 추적, 기록
- 여러 개 계정을 개별적으로 관리
- 모든 이전 기록을 관리

앞서 설명한 기능들은 흔히 지갑으로 알려진 툴에 의해 제공된다. 지금까지 비트코인을 관리하고 비트코인 생태계 시스템과 상호작용하는 매우 다양한 툴이 나와 있다. 이들은 논리적으로 서로 다른 기능을 제공하고 서로 다른 보안과 사용성을 제공하고 있으므로 사용자들의 각별한 주의가 필요하다. 5장에서는 코인 관리 툴에 대해 알아보고 대규모 사용자 연구를 통해 알아낸 사용성에 대해 알아본다.

15　http://bitcoinfibre.org/

4.6 알트코인

4.6.1 네임코인과 병합 채굴

네임코인[2]은 비트코인에서 파생된 변종 암호화폐(즉 알트코인)다. 이것은 비트코인에서 처음으로 포크^{fork}돼 나온 것으로, 역사상 두 번째인 통용 분산 암호화폐라 할 수 있다. 암호화폐라는 사실 이외에 네임코인은 도메인 네임 서버에 변화를 줘서 임의의 이름-값 쌍을 블록체인에 저장할 수 있었다. 네임코인의 기저 설계는 비트코인에 전적으로 기초하고 있지만, 비트코인 프로토콜에 트랜잭션 형식을 도입해 확장했으며 블록체인에 추가적인 정보를 저장하고 관리하는 데 추가적인 구조를 도입했다(예: DNS 개체).**¹⁶**

병합 채굴

병합 채굴은 원래 부트스트랩 기술로 제안됐으며, PoW의 난이도를 증가시켜 그 결과 초창기에 정직하지 못한 채굴자들의 공격에 취약한 알트코인의 보안성을 증가시키려 했다. 병합 채굴은 분산 합의에 참여하는 노드의 개수를 급속히 증가시켜 블록체인의 보안을 개선시키는 것을 목표로 했다. 병합 채굴의 핵심 아이디어는 하나의 블록체인(예: 네임코인)이 다른 블록체인(예: 비트코인)용으로 생성된 유효한 PoW를 인정하는 조건에 관한 것으로, 비록 전송(부모) 블록체인의 조건에는 맞지 않더라도 수신(자식) 블록체인의 난이도 조건에 만족하면 인정한다는 것이다.

병합 채굴은 네임코인에 최초로 구현됐다. 병합 채굴을 통해 비트코인 블록을 받아들임으로써 네임코인은 빠르게 난이도 레벨을 상승시킬 수 있었다. 이 덕분에 네임코인은 여전히 모든 비트코인-파생 알트코인 중 가장 높은 채굴 난이도를 가지고 있다. 라이트 코인과 도지코인 같은 다른 유명한 알트코인들도 병합 채굴을 받아들이고 있어서 사실상 알트코인의 표준적인 난이도 상승 방법으로 자리 잡았다.

---

16 비트코인에서도 OP_RETURN 코드를 사용해 임의의 정보를 저장할 수 있지만 제대로 표준화돼 있지 못하다.

병합 채굴에 대해서는 많은 논란도 있다. 이미 네트워크 집중화[17]와 스캠 공격[18]에 대한 실질적인 위협을 다루는 많은 논의가 있었다. 병합 채굴에 대해서는 자료도 많지 않고 아직까지는 학술적으로 연구된 것도 거의 없다. 다음 절의 설명은 이 격차를 줄이기 위해 알트코인 보안에 관한 병합 채굴의 실질적 효과에 대한 체계적 연구 결과를 설명한다.

현재까지 병합 채굴에 대해 가장 상세히 설명한 문헌은 비트코인 위키[118]에 있는 것이다. 그 외에는 여러 알트코인에 구현된 병합 채굴의 소스 코드가 거의 유일한 정보다. 이 절에서는 소스 코드 정보를 분석해 병합 채굴과 그 데이터 교환 형식에 대해 체계적으로 설명한다.

부모 블록체인은 그 블록 헤더에 임의의 데이터를 포함하거나 링크를 가질 수 있어야 한다. 이 데이터는 자식 블록체인으로부터 온 것이다. 대부분의 **PoW** 블록체인에서 이 요구 조건은 그림 4.6과 같이 코인베이스 트랜잭션의 구조를 사용해 수행한다.

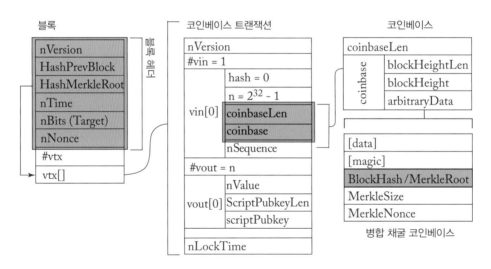

그림 4.6 일반적인 PoW 블록체인 데이터 구조

---

17 https://www.cryptocompare.com/mining/guides/what-is-merged-mining-bitcoin-namecoin-litecoindogecoin/

18 엘리지어스 코일드 코인 스캠에 대한 자료는 https://bitcointalk.org/index.php?topic=56675.msg678006#msg678006에서 찾을 수 있다.

코인베이스 트랜잭션은 블록 채굴자에게 보상금을 주기 위한 특수한 형태의 트랜잭션이다. 이는 채굴자 계정으로 채굴된 코인을 전송하는 n개의 트랜잭션 출력(vout[0]으로 표기된 것)과 하나의 특별한 트랜잭션 입력(vin[0]으로 표기됨)으로 구성된다. 이 특수한 입력에 '블록 보상금'(nValue로 표기)과 '코인베이스' 필드가 들어있다. 블록 보상금은 최대 발행량에 도달하기 전까지는 새로 생성된 암호화폐로 구성된다(현재는 12.5비트코인이다). 이 코인베이스는 현재의 블록 높이를 인코딩하고 표 4.4와 같이 96바이트까지 임의의 데이터를 담을 수 있다.

코인베이스 필드의 마지막 40바이트는 자식 블록체인의 정보를 저장하는 데 사용된다. 병합 채굴에 오직 하나의 자식 블록체인만 있다면 직접적인 자식 블록체인 블록 헤더의 해시인 32바이트 BlockHash로 정의된다. 하나 이상의 자식 블록체인이 있으면 32바이트에는 MerkleRoot, 즉 루트 해시 또는 크기가 MerkleSiz인 머클 트리가 들어있다. 트리의 각 잎은 각 자식 블록체인의 블록 헤더 해시 값이다.

표 4.4 병합 채굴 블록의 코인베이스 구조. 네임코인을 예로 사용[118]

필드 이름		형식(크기)	설명
coinbaseLen		VarInt (1–9바이트)	코인베이스 필드의 크기를 가변 길이 정수로 표현한 길이. 최대 크기는 100바이트
coinb.	blockHeightLen	(1바이트)	현재 blockHeight를 나타내기 위해 필요한 바이트 길이
	blockHeight	(3바이트)	현재 블록 높이
	[data]	char[] (0–52바이트)	선택적: 채굴자에 의해 채워지는 임의의 데이터(예: 채굴자 식별자)
	[magic]	char[] (4바이트)	선택적: len(coinbase) ≥ 20이면 magic 바이트는 병합 채굴 정보의 시작을 알린다. 즉 "\xfa\xbe"
	BlockHash 또는 MerkleRoot	char[] (32바이트)	병합 채굴 블록 헤더의 해시. 하나 이상의 암호화폐가 병합 채굴되면 이 암호화폐들의 머클 트리 루트 해시 값이 있다.
	MerkleSize	uint32_t (4바이트)	머클 트리의 크기, 즉 최대 암호화폐 개수가 들어있다.
	MerkleNonce	uint32_t (4바이트)	머클 트리에서 병합 채굴 인덱스를 계산하기 위해 사용한다. 머클 트리가 사용되지 않았다면 여기의 값은 0으로 설정된다.

병합 채굴은 동일한 자식 블록체인에서 복수의 포크가 발생한 경우 사용하면 안 된다. 이런 경우에는 후자의 안전성을 해치게 된다. 이는 다음과 같이 해결할 수 있다. 각 자식 블록체인은 클라이언트를 구현할 때 하드코딩된 고정 chainID를 가지고, 이는 개발자에 의해 정의된다. 예를 들어 네임코인의 chainID 값은 0x0001로 설정돼 있다.[19]

모든 채굴자는 병합 채굴을 수행하기 위해 어떤 PoW 자식 블록체인을 선택할지, 몇 개를 선택할지 알아서 고르고 서로 다른 머클 트리를 유지한다. MerkleSize, MerkleNonce, chainID의 조합을 선형 합동 생성기[linear congruential generator]에 입력하면 주어진 크기의 머클 트리 내에서 고유한 자식 블록체인 chainID의 위치를 생성할 수 있다.[20]

4.6.2 다른 예제

라이트코인[129]은 비트코인의 PoW를 자신의 것으로 대체하며 포크됐다. 라이트코인은 scrypt라는 암호화 해시 함수를 사용하는데, 이는 메모리-하드[memory-hard]로 간주된다 [127]. 그 목적은 비트코인 채굴자들이 특히 SHA-256 해시 연산에 강력한 성능을 내는 하드웨어 장비(ASIC)를 동원해 채굴에 유리하도록 하는 것을 방지하는 데 있다. 라이트 코인은 블록 생산 간격을 2.5분으로 단축시켰다.

도지코인[56]은 실험적으로 시작됐지만 지금은 활발한 커뮤니티에 의해 유지되고 있다. 이는 라이트코인의 간접적인 포크로서 블록 간격을 1분으로 줄였고, 시간에 대한 난이도와 보상 알고리즘을 살짝 수정했다.

---

19 https://github.com/namecoin/namecoin-core/blob/fdfb20fc263a72acc2a3c460b56b64245c1bedcb/src/chainparams.cpp#L123

20 https://github.com/namecoin/namecoin-core/blob/fdfb20fc263a72acc2a3c460b56b64245c1bedcb/src/auxpow.cpp#L177-L200]

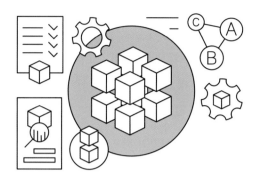

5

코인 관리 툴

이 장에서는 디지털 자산을 관리하는 현재의 관행과 툴들에 대해 알아보고 관련된 보안, 개인정보, 사용성과 미래 연구 및 설계 전략에 대해 알아본다. 비트코인 사용자들은 방대한 종류의 툴 중 하나를 선택해 디지털 자산을 관리하고 있다. 비트코인 용어에서는 현재 이러한 툴을 전통적 화폐에 비유해 지갑^{wallet}이라 부른다. 원래 지갑은 개인 키의 집합으로 정의된다.[1] 따라서 개인 키를 전용 소프트웨어로 표현한 모든 것은 지갑인 셈이다. 지갑에 대한 이 정의는 너무 협소하기 때문에라도, 또한 오해의 소지를 없애기 위해서도 여기서는 더 광의의 개념인 코인 관리 툴(CMT)[98]이란 개념을 사용해 대부분의 암호화폐 작동에 필수적인 다른 분야도 고려하기로 한다. CMT는 사용자가 하나 이상의 암호화폐 핵심 기능을 관리할 수 있게 해주는 툴 또는 툴들의 집합이다. 특히 비트코인과 다른 암호화폐의 네트워크 및 블록체인 계층은 전체적인 시스템 무결성을 위해 중요한 것뿐만 아니라 각각 모든 사용자들의 보안과 개인정보에 중대한 영향을 미친다. 현재 시중에 나와 있는 대부분

---

1   https://en.bitcoin.it/wiki/Wallet]

의 툴은 지갑이라 불리며, 단순히 키를 저장하는 기능 이상으로 비트코인 트랜잭션을 수행하거나 블록체인의 일부를 다운로드하기도 한다. 다른 공개 키 암호화 시스템(예: PGP/GPG)과 달리 비트코인은 통신 채널로부터 완전히 자유롭지 못하다. 비트코인의 경우 비트코인과의 상호작용은 분산 시스템에서 운영되는 핵심 요소다. 다른 서명 시스템과 달리 비트코인 툴은 실행한 트랜잭션과 계정 잔고에 대해 상태 정보를 유지해야 한다.

비트코인을 관리하기 위한 수많은 소프트웨어가 있지만, 여전히 사용자들은 기술적 기본 지식을 알아야 하고 백업을 통해 가상 자산의 손실에 대비해야 한다. 따라서 이러한 시스템은 사용자 오류에 잘 대처하지 못하고 여러 가지 잠재적 공격에 취약하다. 온라인 포럼과 메일링 리스트의 리포트에 따르면, 많은 비트코인 사용자들이 악의적인 중개소와 지갑 같은 보안 취약성과 핵심 관리의 사용성 결여 등으로 인해 많은 돈을 잃었다고 알려졌다.

5.1 CMT의 역사와 분류

이 절에서는 CMT를 제어력과 대상 클라이언트에 대한 사용자 검증의 정도에 따라 분류하고 논의해본다. 제안된 형식은 비트코인 같은 암호화폐에 맞춰져 있지만 최대한 일반적인 방법으로 기술돼 있으므로 다른 파생 암호화폐에 대해서도 그 설계가 근본적으로 완전히 다르지만 않다면 적용 가능하다. 여기서 다루는 방법에 따라 분류하면 클라이언트를 기반 기능성에 따라 즉시 구분할 수 있다. 사용자의 관점에서 이러한 기저 모델에 대한 지식은 개별 클라이언트를 신뢰할 수 있는 레벨에 대해 주어진 정보에 따라 결정할 수 있는 핵심 요소가 된다.

초창기 비트코인에서 필요한 모든 과제를 수행할 수 있는 유일한 비트코인 클라이언트는 bitcoind였다. 이 소프트웨어는 채굴 관리, P2P 네트워크 통신 및 블록체인 관리, 키 관리, 가상 자산 관리 기능을 모두 제공했다. 비트코인과 암호화폐 사용자가 전반적으로 점점 늘어나면서 원래 구현된 개별적 과제의 일부에만 집중해 개발된 소프트웨어가 더 늘어나기 시작했다. 더구나 비트코인은 사용자가 채굴 소프트웨어를 실행하지 않고 완전 P2P 클라이언트(완전 노드)가 아니라도 사용할 수 있도록 설계돼 있다. 그 결과 공개-개인 키 쌍을 처리하는 것이 가장 중요하며, 핵심적인 기능을 하는 바탕 위에 다양한 다른 기능들을 구현한 소프트웨어들이 나오고 있다. 예를 들어 CMT에는 채굴 관리와 관련된 기능을 제외한 암호화폐와 연계된 모든 기능들이 들어있어야 한다. 이 정의는 모든 클라이언트 소프트웨어에 전체 기능이 들어있어야 함을 의미하지는 않지만, 암호화폐를 운영하기 위한 다양한 기능들을 포함해야 하며 동시에 지갑이라는 모호한 용어를 피하는 데 목적이 있다.

CMT를 분류하기 위해 먼저 보안과 개인정보 문제에 직접적으로 관련된 CMT의 가장 중요한 핵심 기능을 특정해야 한다. 이런 기능에는 키/주소의 생성과 트랜잭션의 서명 같은 키 관리 및 연결 처리와 블록체인 검증 및 저장 같은 P2P 네트워크 통신과 블록체인 관리에 관한 측면이 포함돼야 한다. 이 핵심 기능의 관점에서 보면 CMT를 다섯 가지로 분류할 수 있다. 클라이언트는 설정에 따라 다음 중 하나 이상의 과제를 수행할 수 있다.

- **기본 클라이언트**: 사용자 통제 장비에서 실행되는 클라이언트로서 키 관리 연산을 수행할 수 있지만 P2P 네트워크 통신 기능은 수행하지 못한다. 따라서 이 클라이언트만으로는 독자적으로 기능을 수행할 수 없다. 이 범주에는 전용 하드웨어 클라이언트/지갑과 트랜잭션 처리를 위해 또 다른 온라인 기기가 필요한 콜드-스토리지^{cold-storage} 클라이언트가 속한다.

- **완전 기능 기본 클라이언트**: 사용자 통제 장비에서 실행되는 클라이언트로서 모든 P2P 네트워크 통신과 블록체인 검증 관련 기능을 수행할 수 있으며 전체 블록체인 복사본을 관리한다. 또한 키 관리에 연계된 모든 기능을 수행할 수 있고 채굴 알고리즘을 실행할 수 있다. 다른 말로 하면 암호화 화폐를 운영하기 위한 모든 과제를 수행할 수 있는 클라이언트다(예를 들면 비트코인 코어의 구현인 bitcoind를 setgenerate true로 설정하고 사용하는 것과 같다).

- **두터운 클라이언트**: 사용자 통제 장비에서 실행되는 클라이언트로서 모든 P2P

네트워크 통신과 블록체인 검증 관련 기능을 수행할 수 있으며 전체 블록체인 복사본을 관리한다. 또한 키 관리에 연계된 모든 기능을 수행할 수 있다. 이러한 형태의 클라이언트는 통상 두터운 클라이언트 또는 완전 노드라 부른다.

- **가벼운 클라이언트:** 사용자 통제 장비에서 실행되는 클라이언트로서 모든 P2P 네트워크 통신과 블록체인 검증 관련 기능을 수행하지만 전체 블록체인 복사본을 관리하지는 않는다. 또 키 관리에 연계된 모든 기능을 수행할 수 있다. 이러한 종류의 클라이언트는 종종 가벼운 클라이언트 또는 모바일 클라이언트/지갑이라 부르고 이른바 SPV 클라이언트/지갑, 일렉트럼^{Electrum} 같은 것들이 있다.

- **호스팅 클라이언트:** 사용자 통제 장비에서 실행되지 않으며 모든 기능은 신뢰받는 제3자에 의해 사용자 대신 수행된다. 이러한 형태의 클라이언트는 호스팅 또는 웹 클라이언트/지갑이라 불린다. 이 경우 키 관리가 브라우저(예를 들면 자바스크립트^{Javascipt}를 통해)에서 처리되는지는 중요하지 않다. 이를 위해서는 사용할 때마다 사용자가 제3자 웹사이트에서 스크립트 코드를 다운로드해 검증해야 하기 때문이다.

5.2 비유

비트코인은 화폐처럼 간주되므로 관련된 비유를 사용하면 좀 더 자연스럽고 초보자들에게 더 직관적일 수 있다. 비트코인 생태계에서는 클라이언트의 작동을 설명하기 위해 동전의 전송/수신 같은 식의 전통적인 화폐에 비유한 것들이 광범위하게 사용되고 있다. 비유의 사용은 얼핏 보기에 편리한 소통 방식으로 보이지만, 심각한 오해를 초래하거나 하는 등 많은 경우 좋지 않을 수 있다.

에스칸다리^{Eskandari}와 동료들에 따르면[65] 비트코인 트랜잭션은 동전의 비유에 잘 맞지 않고, 오히려 사용자들이 비유를 너무 과하게 적용하게 되므로 사용자 입장에서 많은 혼란을 초래한다고 보고 있다. 물리적인 동전과는 대조적으로, 비트코인은 물리적으로나 가상적으로도 교환되는 것이 아니다. 따라서 동전 비유는 트랜잭션 처리를 설명하지 못한다.

비트코인 트랜잭션의 경우 개인 키가 전송인의 소유여야 하고 서명 트랜잭션에 남아있어야 한다. 에스칸다리와 동료들[65]이 설명한 것처럼, 비트코인을 전송한다는 비유는 오해의 소지가 있다. 실질적인 가상의 단위를 교환하는 것이 아니라 디지털로 서명하는 것만 설명하기 때문이다.

많은 CMT에서 사용하는 비유적인 암호화폐 용어는 사용자들에게 개인 키와 공개 키의 역할과 목적이 충분히 설명되지 못해서 오해의 소지가 있는 인지적 모델을 형성했다. 더구나 각 키의 역할은 비유에 의해 설명하기가 힘들고 그 자체로 비전문가들이 이해하기에는 난해하다. 이는 키 분실이나 의도하지 않은 키 공유 같은 심각한 위험 요소에 노출돼 있다. 따라서 오해의 소지가 있는 원인은 향후의 CMT 설계에 잘 반영돼야 한다고 본다. 현재까지는 사용자 친화적인 키 관리 시스템이 여전히 부족하며 사용성 보안 영역에서 여전히 과학적 연구 대상으로 남아있다.

5.3 사용성

우리는 비트코인 사용자 990명에 대한 대규모 사용자 연구를 통해 보안, 개인정보, 비트코인 생태계에서의 사용자 상호작용 관점으로 바라본 코인 관리 문제점에 관해 이해하고자 했다[98]. 결과에 따르면, 사용자는 여전히 사용성과 보안 사이에서 최적의 절충점을 찾고자 노력하고 있었다. 지금부터 이 연구에 대한 요약을 살펴보는데, 이런 종류의 연구로는 최초다[98]. 분석을 위해 양적 질적 데이터 모두를 수집했다. 양적 데이터는 메일링 리스트나 온라인 포럼을 통해 비트코인 사용자에게 온라인 설문으로 진행했고, 질문에 답한 사람에게는 비트코인으로 보상을 줬다. 질적 데이터는 온라인 서베이를 통한 개방형 질문으로 진행했으며, 더 자세한 통찰을 얻고 온라인 설문에서 관찰된 현상의 원인을 탐색하기 위해 약식으로 구조화된 질적 인터뷰를 진행했다.

5.3.1 비트코인 관리 전략과 툴

연구하는 동안 상당수의 비트코인 사용자가 단지 웹 호스팅 CMT를 사용해 디지털 자산을 관리하고 있음을 알았다. 대부분의 CMT는 코인베이스였으며, 비트코인 코어, 자포^{Xapo}, 일렉트럼^{Electrum}, 마이셀리움^{MyCelium}이 그 뒤를 이었다. 오직 35.5%의 코인베이스 사용자만이 자신의 CMT를 백업한다고 답했다. 그러므로 나머지 사용자들은 관리 책임을 CMT 제공자에게 맡기고 있는 셈이며, 이는 탈중앙화 개념 측면에서는 역설적이지만 사용성과 편의성 측면에서는 이해할 만했다. 키를 분실한 경우나 보안이 침해된 경우에는 어느 정도의 디지털 자산을 회복할 수 있을지 논란의 여지가 있다.

코인베이스 사용자의 행동 및 백업 정신과 상반되게 마이셀리움 이용자의 83.5%는 자신의 CMT를 백업한다고 답했다. 이 수치는 마이셀리움의 백업 절차를 자세히 들여다보면 그리 놀라운 것이 아니다. 완전하고 안전한 백업을 종이에 쉽고 간편하게 처리할 수 있게 해주기 때문이다. CMT는 사용자가 키의 일부를 종이에 프린트하고 키의 나머지 숫자를 손으로 채워 넣게 돼 있다. 크롬홀츠와 동료들[98]에 의해 진행된 질적 인터뷰에 따르면, 백업 절차가 기술 관련 사용자나 기술에 관련되지 않은 사용자 모두에게 쉽고 간편하게 느껴졌다. 결과는 [98]에 정리돼 있고, 이는 제3자 제공의 CMT를 사용하는 웹 지갑 사용자가 훨씬 더 작은 비트코인을 저장하고 있음을 알려준다.

표 5.1은 가장 보편적으로 사용되는 비트코인 지갑을 보여준다. 질문은 복수의 응답을 허용했고, 이는 대부분 사용자가 복수 개의 지갑을 사용하기 때문이었다. 표는 참가자 중 특정 지갑을 사용하는 표본의 비율과 숫자를 보여준다. 게다가 표 5.2는 사용자가 패스워드로 지갑을 보호하는지, 그리고 지갑이 암호화돼 있는지 보여준다. 연구에 따르면 대다수 사용자는 지갑을 패스워드로 보호한다. 웹 클라이언트 사용자의 경우 배경 지식이 부족하다는 것을 알아냈다. 예를 들어 표본에서 코인베이스 사용자의 47.7%가 지갑이 암호화됐다고 답했으며, 34%는 암호화됐는지 알지 못한다고 답했다. 자포에서도 비슷한 경향을 볼 수 있었는데 자포는 표본에서 세 번째로 많이 사용하는 지갑이었다. 코인베이스와 마찬가지로, 이 또한 웹 제공 툴이고 코인베이스와 유사하게 사용자의 절반만 암호화됐다고 답

했으며, 1/3 정도는 암호화됐는지 모른다고 답했다. 백업과 관련해서는 코인베이스 사용자의 1/3과 자포 사용자의 43%만 이용한다고 답했다. 코인베이스의 33.9%와 자포 사용자의 28.5%는 지갑이 백업을 하고 있는지도 몰랐다. 또한 0.42BTC(100USD) 이상을 가진 비트코인 사용자는 오히려 더 적은 비트코인을 가진 사람보다 CMT 백업을 덜 했다. 이 현상은 표본상 통계적으로 유의한 수치다. ($\chi^2(1) = 5.1$, $p = 0.02$)

표 5.1 응답자들이 가장 많이 사용한다고 답한 지갑

CMT	개수	%	BTC
코인베이스	314	31.7	238
비트코인 코어	236	23.8	752
자포	179	18.1	157
일렉트럼	125	12.6	226
마이셀리움	97	9.8	62

표 5.2 가장 많이 언급된 CMT의 특성. 세 개씩 묶인 열은 CMT가 암호화됐는지에 대한 사용자들의 반응(%)과 백업이 됐는지, 추가적 백업이 있는지(예: 아니오, 모릅니다)에 대한 응답이다. 가장 오른쪽 열은 사용자들의 CMT에 보유하고 있는 비트코인 액수다.

CMT	암호화?			백업?			추가적 백업?		
	예	아니오	모름	예	아니오	모름	예	아니오	모름
코인베이스	47.5	18.5	34	35.5	30.6	33.9	30.3	66.9	2.8
비트코인 코어	72.8	16.1	11.1	76.3	14	9.7	64	32.2	3.8
자포	51.4	19	29.9	43	28.5	28.5	41.3	57.5	12
일렉트럼	72.8	15.2	22	77.6	16	6.4	55.2	44	0.8
마이셀리움	61.9	21.6	16.5	83.5	12.4	4.1	52.6	47.2	0.2

또한 응답자들에게 주 백업이 분실되거나 도난당할 경우를 대비해 추가적인 백업을 생성하는지 물어봤다. 표본에서는 비트코인 코어 사용자가 무려 64%나 추가적인 백업을 한다고 답해 가장 높은 추가 백업 비율을 보여줬다. 표 5.3은 지갑 백업에 대한 자가 진단

응답표를 보여준다. 데이터에 따르면, 응답자 중 네트워크와 분리된 곳에 백업을 한다고 답한 사람은 아무도 없었다. 응답된 백업은 대부분 암호화와 패스워드 보호였다. 197명은 클라우드에 백업했다.

응답자의 59.7%는 비트코인 관리를 위해 하나의 지갑을 사용했고 22.7%는 두 개, 10.6%는 세 개의 지갑을 사용했다. 나머지 7%는 네 개 이상의 지갑을 사용했다. 응답자 중 가장 많은 지갑을 사용하는 사람의 경우 14개였다. 이 응답자는 가장 좋은 지갑을 찾기 위해 14개 모두를 사용해보고 있는 중이라고 답했다. 웹 클라이언트를 사용하는 응답자 중 절반 정도는 비트코인용만으로 웹 클라이언트를 사용했다. 나머지 사람들은 다른 클라이언트와 병행해 웹 클라이언트를 사용했다. 놀랍게도 결과에 따르면 응답자의 대부분은 코인을 아모리[2] 보관했다. 표본에서 아모리 사용자는 모두 3,818BTC를 가지고 있었으며, 최상위 다섯 명은 각각 2,000BTC, 885BTC, 300BTC, 230BTC, 150BTC를 보유하고 있었다.

표 5.3 백업 특성에 대한 응답 수에 따른 내림차순 정렬, 사용자들은 복수 개의 지갑과 복수 개의 백업을 할 수 있음

백업 특성	응답 수
백업은 암호화됐다.	662
백업은 패스워드로 보호되고 있다.	629
백업은 외부 저장 장치에 저장돼 있다(예: USB 드라이브).	430
백업은 종이에 저장돼 있다.	334
백업은 클라우드에 저장돼 있다(예: 드롭박스(DropBox)).	197
백업은 네트워크와 분리된 장치에 저장돼 있다.	0

응답자의 웹 클라이언트에 저장된 가장 많은 개수의 비트코인은 100BTC였다. 보고된 모든 코인을 합치면 코인베이스에 238BTC, 자포에 157BTC였다. 그림 5.1은 참가자가 응답한 지갑별 비트코인 총량이다.

---

2   https://bitcoinarmory.com/

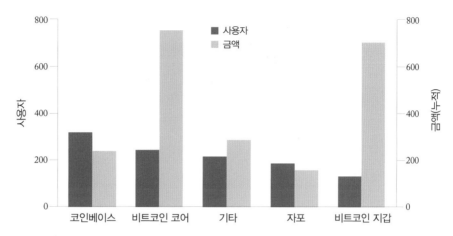

그림 5.1 사용 지갑과 지갑별 비트코인 누적 총량에 대한 자가 문답

5.3.2 익명성

응답자의 32.2%가 비트코인은 그 자체로 익명성을 가지는 것으로 믿고 있음을 알았다. 47%는 비트코인이 그 자체로는 익명이 아니지만 익명으로 사용할 수 있다고 생각했다. 그러나 80%는 트랜잭션을 추적할 수 있다고 생각했다. 25%는 익명성을 유지하기 위해 토르Tor에서 비트코인을 사용했다고 답했다.

또 익명성을 유지하기 위해 추가적인 단계를 취하는지 물어봤다. 18%는 비트코인 네트워크에서 익명을 유지하는 기법을 적용한다고 했다. 대부분은 토르에서 비트코인을 사용한다고 했으며, 그다음으로는 복수의 주소 사용, 서비스 혼합, 복수의 지갑, VPN 서비스 사용 등을 시도한다고 답했다. 비류코프Biryukov와 동료들[20, 21]에서 보듯 비트코인을 토르에서 사용하면 결정적이고 잠행적인 중간자 공격man-in-the-middle attack과 핑거프린팅fingerprinting 공격의 취약점이 발생한다.

5.3.3 사용성에 대한 인식

정성적 인터뷰에 응한 대부분의 응답자가 비트코인 관리 측면의 보안과 개인정보에 대해 상당히 우려했지만, 열 명 중 여덟 명은 기술에 문외한 비트코인 사용자들에게 웹 지갑이나 결정적^{deterministic} 지갑을 추천하며 주요 기능을 사용하기에 편리하고 쉽다는 점을 부각했다. 응답자 중 한 명은 개인 키가 중앙 서버에 저장된 지갑을 추천했으며, 이는 복구를 쉽게 하고 백업의 필요성을 없애주며 기억하기가 편하다고 했다. 이미 마이셀리움[3]을 사용하고 있던 사람들은 종이에 백업하는 절차가 가장 사용성이 높고 안정성도 높다고 했다. 마이셀리움을 통해 종이 백업을 하려면 사용자는 키의 일부를 템플릿에 프린트한 후 빈 곳을 손으로 채운다. 응답자 중 일부는 처음으로 종이 지갑을 사용했을 때의 불편함에 대해 이야기하기도 했다.

인터뷰한 사람 대부분은 초창기 교육에 대해 언급했다. P2는 비트코인은 원래 복잡해서 공개 키 암호화에 대해 학교에서 교육해야 하며 화폐 시스템은 문화의 일부라고 답했다.

응답자 중 두 명은 사용자 환경이 좀 더 단순화돼야 하고 최소화돼야 한다는 점을 부각했다. 많은 사용자들이 비트코인의 빠른 성장에 대해 언급했으며, 보안보다 단순하고 직관적인 UI가 더 중요하다고 언급했다. 그들은 대부분 사람들이 컴퓨터 작동 원리를 몰라도 컴퓨터가 많이 보급된 것처럼, 대규모로 사용하게 되면 보안은 그리 필수적인 부분이 아니라고 주장했다. 그들은 1940년대의 자동차, 컴퓨터, 신용카드, WhatsApp을 예로 들었다. 그들은 비트코인 네트워크에서 거래되는 금액이 분실 위험을 무릅써도 될 정도의 소액이므로 현금 분실에 비유했다. 어떤 응답자는 키 관리를 위한 직관적 UI를 가진 전용 기기를 제안했으며, 이런 기기가 가장 안전하고 사용성이 높은 것이라 말했다.

5.4 보안에 관한 사용자 경험

사용성에 대한 문제는 보안에 관한 부분에 영향을 미친다. 탈중앙화 화폐를 사용할 때 사용자는 디지털 자산에 대해 책임을 져야 한다. 따라서 보안이 취약할 경우 금전적 손해를 막으려면 직접 키를 복원해야 한다. 여기서는 보안 취약에 관한 사용자 경험과 그를 복구하는 능력에 대해 알아본다.

---

3   https://mycelium.com/

22.5%는 적어도 한 번 이상 비트코인이나 비트코인 키를 잃어버린 적이 있다고 답했다. 그중 43.2%는 자신의 잘못이었다고 했다(즉 하드디스크 드라이브를 포맷한다거나 비트코인 키를 가진 물리적 장치를 분실하는 등). 그다음은 소프트웨어 문제(24.4%, 키 파일 손실)와 보안 취약(18%, 악성코드나 해커)이었다.

비트코인을 분실한 대다수(77.6%)는 키를 복원할 수 있었는지 응답하길 원치 않았으며, 답한 사람 중 65%는 키를 복원하지 못했다고 했다. 전체적으로, 응답자들은 660.6873비트코인을 분실했다고 답했다. 그러나 언제 코인을 분실했는지는 묻지 않았다는 사실을 고려해야 한다. 비트코인 가치는 매우 변동이 심해 미국 달러로 환산한 가치는 알기 어렵다. 응답자의 40%는 자체 평가한 주요 보안 취약으로 인해 돈을 잃었다고 답했다. 표본의 13.1%는 고수익 프로그램 사기나 피라미드 사기로 잃어버렸다고 답했다. 7.9%는 마운틴 곡스Mt. Gox에서 잃어버렸다고 답했다.

또 응답자들에게 사건을 어떻게 처리했는지 물어봤다. 대부분 참여자들은 키 복원을 위해 아무런 일도 하지 않고 그냥 손실을 받아들였다고 했다. 어떤 사람은 손실이 크지 않아 추가적인 노력을 하지 않았거나 어떻게 할지 몰라 가만히 있었다고 했다. 실제로 조치를 취한 사람들은 거래소나 온라인 지갑 제공자를 접촉해서 항의했다고 했다. 악성적인 온라인 지갑으로 인해 돈을 잃은 사람들은 호스팅이나 온라인 지갑 대신 다른 형태의 지갑으로 바꿨다고 답했다. 고수익 프로그램 사기로 돈을 잃은 사람들은 덜 위험한 투자처를 찾기 시작했다고 답했으며, 이전 실수로부터 많이 깨달았다고 답했다. 보안 취약과 관계없이 많은 참가자들이 인터넷 포럼을 통해 말을 퍼트렸으며 다른 사용자들과 경험을 공유했다고 답했다.

정성 인터뷰에 응했던 사람 중 여덟 명은 의도적이거나 우연하게 키나 비트코인을 분실했다고 답했다. 세 명은 마운틴 곡스 보안 취약에 영향을 받았다고 했으며, 그중 두 명은 크라켄Kraken4에 대해 고소장을 접수했다고 했다. 한 명은 실물 카사시우스Casascius5 비트코

---

4   https://www.kraken.com/

5   https://www.casascius.com/

인을 분실했지만, 당시 가치가 9달러로 그리 크지 않아 찾는 것을 포기했다고 답했다. 또한 다른 사람은 디바이스 고장, 하드디스크 손상, 또는 소프트웨어 고장으로 인해 키를 분실했다고 답했다.

크롬홀츠와 동료들[98]은 비트코인과 연계된 리스크의 사용자 인식에 대해 조사했다. 응답자에게 모두 11가지의 위험 시나리오를 제공했으며, 조사를 위해 과학 문헌과 온라인의 증거에 근거해 위험 시나리오를 선정했다. 각 위험 시나리오에 대해 이해하기 쉬운 설명을 제공하고 해당 위험의 발생 가능성에 대해 어떻게 생각하는지 물어봤다. 그림 5.2는 응답자의 위험 평가다. 결과를 보면 응답자는 가격 변동을 가장 큰 위험 요소로 생각했고, 그다음으로는 호스팅 지갑의 취약성과 악성 소프트웨어를 통한 비트코인 도난을 걱정했다. 응답자들은 암호화 화폐의 결함에 대해서는 위험성을 가장 낮게 평가했고, 이중 사용과 DoS 공격이 그 뒤를 이었다.

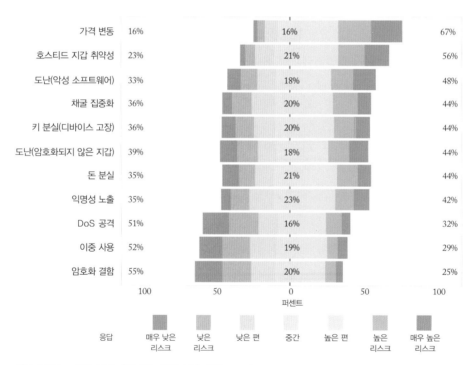

그림 5.2 리스크 시나리오에 대한 사용자들의 인식 비율(N = 990)

5.5 암호화폐 사용 시나리오

대부분의 참가자들은 비트코인을 팁이나 기부에 사용한다(38%)고 답했으며, 그다음으로는 웹 호스팅이나 온라인 뉴스 같은 가상 상품(33.3%)에 사용한다고 답했다. 이어서 온라인 쇼핑(27.5%), 알트코인(26.5%), 도박(26.5%), 비트코인 기프트 카드(19.9%) 순이었다. 5%는 비트코인으로 마약을 구매하고 있거나 구매한 적이 있다고 답했다. 표본의 30.2%는 적어도 일주일에 한 번은 비트코인을 사용한다고 했으며, 25%는 한 달에 한 번 이상, 19%는 하루에 한 번 이상 사용한다고 답했다. 나머지 응답자는 1년에 한 번 또는 그 이하로 사용한다고 답했다. 이러한 결과는 설문에 답한 대다수 사람들이 비트코인을 빈번하게 사용하고 있음을 시사했다.

또한 참가자들에게 현재 소유하고 있는 비트코인 개수에 대해서도 물었다. 응답자들에 따르면, 전체적으로 대략 8,000BTC를 소유하고 있었다. 대다수 사용자(70%)는 2013년부터 2015년 사이에 비트코인을 사용하기 시작했고, 17%는 2011년과 2012년 사이에 사용하기 시작했다. 58%는 비트코인 이외의 암호화폐를 사용한다고 답했으며, 도지코인과 라이트코인을 꼽은 응답이 가장 많았다. 가장 많이 사용하는 비트코인 거래소는 BTCE(20.9%), 비트렉스^{Bittrex}(14.0%), 비트스탬프^{Bitstamp}(13.0%) 순이었다. 참가자의 11.4%는 비트코인 채굴을 하고 있었으며, 그 대부분은 2014년 이후에 채굴을 시작했다. 그중 많은 수가 채굴을 중단했는데 현재는 불가능하다고 생각하기 때문이었다. 195명(19.7%)은 완전 비트코인 서버를 인터넷을 통해 사용한다고 답했다. 비트코인 서버를 운영하는 가장 큰 이유는 비트코인 네트워크를 지원하는 것(60.5%)이었고, 그다음으로는 트랜잭션 전파(46.6%), 네트워크 분석(30.3%), 이중 사용 탐지(26.1%) 등이었다.

정량 인터뷰에 참가한 모든 사람들은 비트코인을 빈번히 사용하는 사람들이었고 그중 일부는 지역 비트코인 협회에서 활발히 활동 중이었다. 인터뷰한 사람들 대부분은 비트코인의 탈중앙화 속성이 비트코인을 쓰기 시작한 가장 큰 이유라고 답했다. 두 번째 이유는 단순한 호기심이라고 답했다. 한 참가자는 우크라이나-러시아 분쟁 때 크림반도에서 살고 있었는데 정치 사회적 이유를 언급했다. 그 당시 그는 미국 회사에 근무하고 있었는데 크림에서 저렴한 비용으로 월급을 안전하게 받을 방법이 필요했다. 그는 또한 러시아 정부에 의한 영토 합병으로 인해 돈을 잃게 되는 일이 발생하지 않길 원했다. 이런 상황에서 비트코인은 최고의 선택이었고, 그에 따르면 크림반도에 있는 많은 사람들이 당시에 비트코인을 사용하기 시작했다. 어떤 사용자는 몇 해 전 비트코인 채굴을 시작했다고 답했는데, 소규모로 채굴하는 것이 여전히 수익성이 좋다고 덧붙였다.

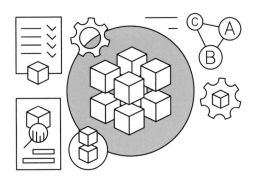

6

나카모토 합의

암호화폐의 유용성과 미래의 잠재성은 상대적으로 분명해 보이지만,[1] 비트코인이 (분산) 오류 허용 컴퓨팅에 미친 중대한 영향은 그다지 뚜렷해 보이지 않을 수도 있다[147]. 이 장에서는 비트코인(좀 더 구체적으로는 나카모토 합의) 이면의 주요 원리에 대해 알아보자. 이 원리는 시스템이 블록체인 구조와 그 내용에 대해 분산 시스템의 입장에서, 잠재적인 악의의 참가자가 있더라도, 궁극적으로 합의에 이르게 하는 것이며 분산 컴퓨팅 분야의 다른 연구와도 연계돼 있다.

---

1   암호화폐의 유용성과 미래에 대해서는 논란이 많다. 특히 비트코인은 설계의 결함으로 인해 지속성에도 많은 의문이 따른다. 암호화폐의 미래에 대한 이 책의 견해는 일반적이기보다는 저자의 관점에서 바라본 것일 뿐이다. - 옮긴이

6.1 비트코인이 해결하고자 하는 문제

비트코인의 기본 원리는 '나카모토 합의'라는 별명이 붙었는데[2] 이는 블록체인이라는 디지털로 서명된 트랜잭션의 추가 전용 분산 원장의 조합 위에 구축됐다. 블록체인은 그 내용의 합의를 위한 확률적 방법으로 암호화 작업 증명 방식을 사용하는 것이며, 경제와 게임 이론에 기반한 인센티브를 참가자에게 지급해 프로토콜과 합의 규칙을 유지하도록 한다.

나카모토 합의가 어떻게 두 당사자가 '신뢰받는 제3자 없이 직접 트랜잭션을 할 수' 있도록 하는 새로운 기법을 제공하는지 효과적으로 이해하려면 분산과 결함 허용 컴퓨팅에 대한 다양한 기반 연구와 영감들에 대해 알아야 한다. 비잔틴 결함 허용에 관한 연구들이 특히 중요하며, 나카모토 합의도 이 문제 영역의 일부다.

6.1.1 신뢰받는 제3자

전자 캐시 시스템을 개발하려던 이전의 노력들과 비트코인이 완전히 구분되는 근본적인 차이는 제3자에게 다양한 정도의 신뢰를 의존해야 했던 과거 여러 문제들에 대해 완전히 새로운 접근 방법을 취한 특성 때문이다. 사용자가 동일한 가상 화폐를 두 번 이상 사용하는 것을 의미하는 이중 사용을 방지하기 위해서는 어떤 형태로든 시스템상의 트랜잭션 상태에 대해 순서를 둘러싼 전역적 합의가 필요하다. 이러한 합의를 위한 가장 기본적인 형태는 새로운 트랜잭션을 검증하는 단일 기관을 통하는 것이고, 이 기관은 정의된 약속을 위반하는 모든 요청은 기각시켜버릴 것이다. 그러나 이러한 시스템의 이용자는 이 기관이 늘 이러한 약속을 유지할 것이며 악의적으로 행동하지 않을 것이라 믿어야 한다.

비록 단일 신뢰 개체에 대해 이야기하고 있지만 실질적인 시스템에서는 여전히 어느 정도의 결함 허용이 필요하며, 단일 노드의 고장이 서비스 중단으로 이어져서는 안 된다. 그러나 모델을 복수 노드로 연장하는 것은 그리 쉽지 않다. 앞서 이야기한 이중 사용 문제가 일어나지 않도록 하려면 시스템 내 모든 노드 간의 일관성이 지켜져야 한다. 이때 네

---

2   초창기에 이 용어는 http://unenumerated.blogspot.co.at/2014/12/the-dawn-of-trustworthy-computing.html에서 닉 사보가 처음 사용했으며, 그 뒤 [27, 104]와 같은 문헌에서 많이 사용됐다.

트워크를 분리시켜서 이중 사용이 성공하도록 하는 가상 시나리오는 한 번쯤 생각해볼 수 있다. 흥미롭게도 이러한 상황에서는 모든 노드가 정직하더라도 이중 사용이 가능할 수도 있다. 명백히 신뢰받는 제3자가 있는 구조하에서도 믿을 수 있는 결함 허용 분산 암호화 화폐 서비스를 제공하기는 그리 쉽지 않다.

6.1.2 분산 시스템에 신뢰 부여

앞에서는 단일 신뢰 기관으로 구성된 디지털 화폐 시스템 모델을 가정했다. 그러나 이러한 시스템을 결함 허용에 대한 개선을 위해 복수의 노드로 확장하게 되면, 사실상 어느 정도 신뢰를 부여할 수 있는 다수의 개체가 생긴 셈이다.[3] 따라서 여기서는 신뢰해야만 하는 개체들의 집합 $\{p_1, p_2, \cdots, p_n\} = \Pi$를 가정한다. 여기서의 목표는 이러한 제3자 신뢰 기관에 대한 의존도를 낮추는 것이므로, 그다음 질문은 프로세스의 부분 집합 $\Pi' \subseteq \Pi$이 고장 나거나 혹은 악의적으로 행동하는 상황하에서도 여전히 정의된 규칙을 잘 유지할 수 있는지 혹은 유지하도록 강화할 수 있는 방법이 있는지에 대한 것이다.

복수의 노드가 있는 시스템에서 프로세스나 통신 채널 일부가 고장 날 경우에도 일관된 상태를 유지할 수 있는지에 대한 문제는 결함 허용 분산 컴퓨팅에서 오랫동안 연구해온 숙제다. 이 분야의 다양한 연구에 대한 개괄은 크리스천[Christian][49]과 가트너[Gärtner][78]의 문헌에서 살펴볼 수 있다. 문제에서 짐작할 수 있듯이 이 과제는 분산 시스템에서의 오류 발생과 처리에 관한 것이다. 특히 오류가 있는 상황에서 어떻게 합의에 이를 것인가에 대한 문제는 피스[pease], 쇼스탁[shostak], 램포트[Lamport][126]가 1980년에 개괄한 이후 오랫동안 논의돼온 근본적인 문제[145]이기도 하다. [126]에 있는 결과에서는 결함 프로세스가 임의의 행동을 할 수 있다고 가정한다면, 엄청나게 많은 수의 노드가 정상 상태로 남아있어야만 합의에 이를 수 있다고[4] 말한다. 이 맥락에서 '정상'은 프로세스가 실행하는 동안 어떠한 결함 행동도 하지 않음을 의미한다.

---

3   단일 기관하에서라도 마찬가지임

4   그들은 특히 상호 일관된 합의 문제에 대해 고려했는데, 가정한 시스템 모델에서는 $(n \geq 3f + 1)$ 노드가 필요하다는 것을 발견했다.

나중에 살펴보겠지만, 필요한 정상 노드 개수는 가정된 시스템 모델과 가용한 명령어들에 강하게 종속돼 있다. 그럼에도 불구하고 논문은 분산 시스템에서 신뢰에 대한 필요성이 분산될 수 있으며 노드 중 일부만 정상으로 행동하더라도 상대적으로 강한 합의 규칙을 유지할 수 있도록 설계할 수 있음을 보여줬다. 이 맥락에서 신뢰는 노드의 행동에 결함이 없다는 것과 동의어인 셈이고 결함이란 잠재적인 악의적 행동을 의미한다.

6.1.3 신뢰의 탈중앙화

비트코인과 블록체인 내용에 대한 기저 합의 방식인 나카모토 합의는 앞서 설명한 모델의 특정 핵심 요소들을 확장한 것이다. 암호화폐 같은 분산 원장 응용프로그램을 구현하기에 적합하도록 오류를 허용하고 노드의 일부가 악의적으로 행동하더라도 기본 연산들을 지원할 수 있는 개념적이고 실질적인 분산 시스템은 다양하게 존재한다. 그러나 이러한 시스템은 비록 전체 참여자 수는 시간에 따라 변경될 수 있더라도 합의에 이를 때는 대개 사전에 미리 정한 고정된 개수의 노드 집합만 참여한다[147]. 이렇듯 미리 결정된 합의 노드 그룹은 또다시 신뢰에 대한 문제를 야기할 수 있고, 이러한 시스템을 분산으로 간주할 수는 있지만 진정한 탈중앙화 시스템으로 볼 수는 없다.

영리한 인센티브 공학과 시빌 공격을 방지하고 리더 선발 형태를 가진 새로운 작업 증명을 응용함으로써 비트코인은 블록체인 데이터 구조의 내용에 대한 합의 절차를 개방된 익명의 참여자들 사이에서도 가능하도록 구현했다. 이론적으로는 누구라도 완전 탈중앙화 암호화폐 시스템으로의 중대한 첫걸음을 내디딘 비트코인 프로토콜에 참여할 수 있다. 동시에 이 방식은 오류나 악의적 노드에 대해 상대적으로 강한 대항력을 가지며 제3자의 신뢰를 부여하는 문제에 대해서도 효과적이다. 익명성으로 설정된 시스템이므로 악의적 참여자에 대한 대항력은 대개 그들의 계산 파워 또는 해시율로 표현할 수 있다. 즉 모든 정직한 참여자가 단위 시간당 생산할 수 있는 유효한 PoW 개수와 악의적 개체가 생산하는 개수의 관계로 나타날 수 있다.

최초에 비트코인은 특정 시각 t에서의 악의적 개체에 의해 통제되는 해시율이 전체의

50% 미만(즉 < 50%)일 경우 이에 대항할 수 있다고 믿었다. 이를 좀 더 형식을 갖춰 정리하면 다음과 같다.

$$\forall t : \sum_{b \in \mathcal{B}(t)} m(b) < \frac{1}{2} \sum_{p \in \Pi(t)} m(p) \tag{6.1}$$

여기서 $m(t)$, $i \in \Pi$는 프로세스 i의 해시율을 의미하고 $\mathcal{B}(t) \subseteq \Pi(t)$는 악의적 집합 또는 비잔틴 프로세스[5]를 의미한다. $\Pi(t)$는 시각 t에서의 전체 (채굴) 프로세스 개수다. 이 맥락에서 개별적인 다수의 적은 하나의 악의적 개체로 취급한다. 최악의 경우 서로 공모할 수 있기 때문이다.

이후 이 가정은 이기적이고 완고한 채굴[69, 120, 135] 등의 다양한 공격 전략에 따라 수정돼왔고, 현재는 < 25%로 추정하고 있으므로 적어도 3/4의 해시율은 정직한 참여자가 통제할 수 있어야 한다. 특히 이러한 전략을 사용하는 정직하지 않은 채굴자는 자신들의 해시율에 비해 불균형적으로 많은 개수의 블록을 주(가장 무거운) 체인에 추가해 작업 증명 블록체인의 몇몇 바람직한 성질을 약화시키는 상황을 초래할 수도 있다. 현재 기존 규칙을 해하지 않고도 적대적 공격에 대해 해시율 50%까지 대항할 수 있도록 프로토콜을 수정하는 제안이 진행되고 있다[124].

비트코인과 나카모토 합의가 제공할 수 있는 구체적인 성질과 보장에 대해서는 여전히 연구가 진행 중이다. 6.2절에서는 이 영역에 연관된 연구들을 살펴보고, 비트코인이 결함 허용 분산 컴퓨팅에 연관된 다른 연구들과 어떻게 연계돼 있는지 알아본다. 또한 나카모토 합의의 잠재적인 장단점에 대해서도 설명한다.

---

5   비잔틴이라는 용어는 6.2.2절에서 설명한다.

6.2 분산 시스템에서의 합의와 오류 허용

결함 허용 분산 컴퓨팅 분야는 상대적으로 광범위하고 믿을 수 있으며 결함을 견딜 수 있는 시스템을 어떻게 제공할 것인가에 대한 방대한 주제를 다루고 있다. 앞서 이야기한 것처럼, 비트코인과 유사한 암호화폐 시스템은 신뢰받는 제3자에 의존해야 하는 문제에 대해 나카모토 합의라는 새로운 합의 방법을 도입함으로써 새로운 각도에서 접근했다. 합의라는 주제는 프로세스와 통신 수단의 결함이 발생할 수 있는 분산 시스템에서 합의에 이르는 근본적인 측면을 알아내는 것을 다루는 결함 허용 분산 컴퓨팅의 독립된 연구 분야다. 합의는 (신뢰할 수 있는) 분산 시스템으로, 예컨대 프로세스 집합이 대기 없는^{wait-free} 병행 데이터 객체를 구현하거나 복제된 상태 머신 방식^{replicated state machine}[100, 136] 등과 같은 액티브 복제^{active replication}의 기초를 구성할 수 있게 해주는 기본 구성 요소다.

이 절에서는 합의와 비잔틴 결함 허용의 근본 측면에 대해 집중적으로 알아본다. 비잔틴 실패^{failure}는 언제 발생할지 모르며 잠재적으로 악의적이다. 이 상황은 비트코인 같은 암호화폐가 만들고자 하는 최소한의 신뢰만 필요한 탈중앙화 제3자 방식을 설명하는 데 적합하다. 비잔틴 실패는 합의를 어렵게 만들고 동기성 등과 같은 가정된 시스템의 성질이 합의 문제의 해결에 영향을 미치며 경우에 따라 불가능하게 만들기도 한다[73].

6.2.1 합의

합의라는 용어는 비트코인과 블록체인의 문맥에서 현재로서는 적절하게 정의돼 있지 않다. 합의라는 말은 비트코인 커뮤니티가 향후의 프로토콜 변화에 대해 동의하려고 시도하는 것과 같은 사회적 동의를 일컫거나 혹은 블록이 유효한 것에 대한 일반적 규칙(종종 합의 계층[103]이라 불린다.)을 칭할 때 사용되기도 하는 듯하다. 그러나 분산 컴퓨팅의 영역에서 합의라는 용어는 일반적으로 특수한 문제 또는 좀 더 정확히 말해서 신뢰할 수 있고 믿을 수 있는 분산 시스템을 어떻게 개발할 것인가에 대한 해답을 찾고자 하는 근본 문제에 관련된 영역이다. 이러한 맥락에서 분산은 반드시 지역적으로 광범위하게 흩어진 대규모 시스템을 암시하는 것이 아니라 단일 컴퓨터 내에서도 메시지를 주고받으며 통신하는 프로세서들이나 분산된 공유 메모리를 의미하기도 한다.

이러한 시스템이 (프로세스) 결함에 대해 높은 대항력을 가지게 만드는 명백한 방법은 중복이다. 이 경우 일관성을 보장하려면 특정 순간에[6] 모든 정상 복제 $i \in \Pi_c$($\Pi_c \subseteq \Pi$는 정상 프로세스의 집합)가 $\forall p, q \in \Pi_c, p \neq q \rightarrow S_p = S_q$를 만족하는 동일한 상태 S_p에 대해 동의해야 하며 이를 외부 관측자에게 알려야 한다.

프로세스들이 값 또는 값의 집합에 대해 동의에 이르도록 하는 문제는 동의 또는 합의 문제[71, 75]로 형식화됐으며 종종 정의 6.1과 같은 성질을 통해 정의된다.

정의 6.1   세 가지 특성을 통한 동의 또는 합의 문제의 정의

1. **유효성**Validity: 프로세스가 값 v로 결정했다면 이 v는 어떤 프로세스에 의해 제안된 것이다.
2. **동의**Agreement: 모든 정상 프로세스는 동일한 결정을 해야 한다.
3. **종료**Termination: 모든 정상 프로세스는 (궁극적으로) 어떤 값을 결정한다.

유효성과 동의라는 성질은 안전성safety이라고도 부를 수 있다. 이들이 원하는 합의 가정을 위반한 해법이나 임의의trivial 해법으로부터 보호하는 역할을 하기 때문이다. 한편 종료라는 성질은 알고리즘이 궁극적으로 진척을 이뤄 어떠한 결과를 도출할 것이라는 활성 상태liveness를 보장한다. 임의의 해법이란, 예컨대 프로세스들이 실제로 제안한 값에 상관없이 1이나 0처럼 사전에 미리 결정한 값을 출력하는 것이다. 이러한 해법은 명백히 합의와 종료의 성질은 만족하지만 실용성은 거의 없다.

물론 이러한 성질들은 서로 다른 합의 문제 부류에 따라 강화되기도 하고 약화되기도 한다. 예를 들어 정의 6.1의 합의 동의 성질을 더 강화시킬 경우에 일반적 합의보다 더 힘든 균등uniform 동의를 요구하게 되면, 이는 곧 균등 합의 문제가 돼버린다[40]. 균등 합의를

---

6   완벽주의를 추구하는 독자들은 완벽한 동기화에 따른 엄격한 일관성은 통신이 즉각적이지 않고 전파 시간이 필요하므로 애초에 불가능하다고 주장할 것이다. 이러한 관점도 필요하지만, 여기서는 특정 시스템 모델과 가정하에서 얻을 수 있는 일관성에 대해 알아본다.

위해서는 정상이든 결함이든 모든 프로세스가 동일한 값을 가져야 한다.

정의 6.2 균등 합의의 동의 성질

  2′. **균등 동의**: 모든 프로세스는 동일한 결정을 해야 한다.

합의 프로토콜은 모든 정상 프로세스가 멈추면 종료한다. 종료 상태가 같은 라운드에서 완료됐다면 프로세스는 즉시 동의에 이른 것으로 간주되고, 그렇지 않다면 궁극적 동의에 이른 것으로 간주한다[71].

  가장 간단한 형태인 경우 프로세스들은 이진 디지트^{digit}에 대해서만 동의하면 되는데, 이를 이진 합의라고 한다. 즉 프로세스들이 제안할 수 있는 값 $v = V$가 집합 $V = \{0, 1\}$에 속하는 것이다. 이진 합의는 합의 프로토콜이나 성질을 형식적으로 모델링할 때 종종 사용되고, 이는 임의의 크기를 가지는 복수 개의 값을 가진 집합 V에 해당하는 복수 값 합의로 변환할 수 있다[116].

  합의에 관련된 문제는 다음과 같이 여러 가지며 여러 변종들도 존재한다.

- 벡터 값에 대한 합의 도달은 벡터 합의라 부르고, 참여 프로세스가 결함인지에 대해서도 동의가 이뤄지면 상호작용 일관성[126]이라 부른다.
- '종료하는 신뢰 브로드캐스팅(TRB)'[25]에서는 프로세스 집합 중 뛰어난 송신자가 이 집합에 메시지를 전파하면, 모든 정상 프로세스는 수신된 메시지에 동의하거나 그렇지 않다면 송신자에 결함이 발생한 것이다.
- 비잔틴 장군 문제는 비잔틴 실패를 가정한 **TRB**의 특수한 경우다[101].
- 전체 순서 브로드캐스트(원자^{atomic} 브로드캐스트라고도 한다.)[52]는 프로세스 집합에 전달된 메시지들이 모두 동일한 전체 순서를 지키며 배달된다.
- 그룹 멤버십 문제(GMP)[132]는 프로세스 집합에 의한 동의가 특정 그룹에 속한 것인지, 추가적인 프로세스를 그룹에 받아들일 것인지, 결함 프로세스를 퇴출할 것인지에 관한 것이다.

- 상태 머신 복제[136]는 복제된 결정적^{deterministic} 상태 머신 집합의 입력과 순서에 대한 동의에 관한 것으로서 모든 복제는 동일한 순서의 요청을 수신하고 처리한다.

이 동의 문제 중에는 전체 순서 브로드캐스트처럼 합의 문제와 동일하다고 증명된 것도 있지만 TRB처럼 더 난이도가 있는 것도 있다[39].

어떠한 시스템 모델을 가정하는가 하는 것은 해결 가능성은 물론 이러한 문제가 서로 어떻게 연계되는 것인지에 대해 중요한 역할을 한다. 예를 들어 신뢰할 수 없는 실패 탐지기가 늘어난 비대칭 시스템에서의 신뢰 브로드캐스트보다 합의 문제가 더 어려운 것으로 간주되지만[39], 여기에 유한한 프로세스 메모리라는 가정을 추가하게 되면 반대로 (단일) 합의가 신뢰받는 브로드캐스트보다 더 쉬워지며 반복 합의는 신뢰 브로드캐스트만큼 어려워진다[54].

합의에 대한 초창기 작업들은 이른바 비잔틴 결함이라 불리는 임의의 결함에 대한 동의에 집중돼 있었지만[59, 101, 126, 130], 이후에는 비잔틴 실패(혹은 비잔틴 결함 허용 또는 BFT라고도 불린다.)가 더 뚜렷한 연구 대상이 됐다.

비잔틴 합의와 나카모토 합의 간에 긴밀한 밀접성이 있는 것은 물론, 이 두 문제는 다른 합의 문제들과 뚜렷이 구분되는 성질이 있으므로 6.2.3절에서는 비잔틴 결함 허용에 대해 좀 더 자세히 알아본다.

6.2.2 시스템 모델링과 그 영향

아직까지 발생 가능한 실패 유형을 비롯해 프로세스 간의 시간 가정이나 통신 연결 같은 시스템 모델 관점의 주요 사항에 대해서는 논한 적이 없다. 시스템 모델은 문제의 해결책이 있는지와 함께 어떻게 해결하는지에 엄청난 영향을 미친다. 그중 몇 가지 모델과 가정은 독자들이 느끼기에 비현실적으로 보여 실제 환경과는 관련 없어 보일 수도 있다. 예를 들어 프로세스 간의 비동기 통신(즉 수신자와 송신자 간에 발생하는 임의의 긴 시간 지연)을 가정하면, 상대적으로 강력한 동기화로 이뤄져 있는 실생활 통신 환경을 제대로 반영하지 못한다. 그럼에도 불구하고 비동기 통신 모델의 가정하에서 추론하다 보면, 실제와 연계해 여러 한계와 성질을 살펴볼 수 있다. 실생활 시스템에서는 가정한 시간 간격이 지켜지지 않는 상황을 쉽게 생각해볼 수 있고 동기화 가정은 확률적인 것에 불과하다[39].

보장이 약한 시스템 모델을 가정하면 문제는 어렵고 해결 불가능해질 수 있지만, 강력한 보장이 된다면 해법은 간단해지더라도 이러한 보장을 성취하는 것은 그 자체로 어려운 문제가 된다.

동기화 가정

합의가 해결 가능한 것인지에 커다란 영향을 미치는 시스템 모델의 한 가지 근본적인 성질은 동기화 가정이다. 세미나를 통해 피셔^{Fischer}, 린치^{Lynch}, 패터슨^{Patterson}은 비동기화 통신을 사용하는 시스템에서 결정적^{deterministic} 동의에 이르는 것이 불가능함을 증명했고, 이는 메시지 통신을 신뢰할 수 있고 (고장–중지$^{crash-stop}$ 모델에서) 오직 단일 프로세스만 고장난다고 가정하더라도 마찬가지임을 밝혔다[73].

사실상 메시지 전송 시간에 대한 지연 한계를 두지 않으면 프로세스가 고장 난 것인지, 단순히 메시지가 아직 도착하지 않은 것인지 결정적으로 판단할 수 있는 방법은 없다. 이러한 상태에서 합의에 대한 동의 성질[7]이 위배되지 않도록 하는 것은 불가능하다. 하나의 프로세스만 고장 나더라도 모든 정상 프로세스가 응답을 무한정 기다려야 하기 때문에 종료 성질이 더 이상 만족되지 않기 때문이다.

대개 **FLP** 불가능 결과$^{impossibility\ result}$라 불리는 이 근본적 통찰은 합의 영역에 있는 모든 문제에 대한 중요한 한계를 보여준다. 단순히 강한 동기화를 가정한 실생활 시스템은 부품들이 실패할 확률이 있으므로 이 문제를 완전히 해결할 수 없다. 따라서 이러한 동기화 가정 역시 확률적으로 돼버린다. 그러므로 시간적 실패 가능성을 깊이 고려해야 하고, 가용성과 정확성 둘 다 결정적으로 보장해줄 수 있는 프로토콜은 존재하지 않으므로 둘 사이의 절충이 필요하다.

---

7   6.2.1절의 정의 6.2를 보라.

FLP 불가능 결과는 합의에 이르기 위해 필요한 최소한의 동기화 모델에 대한 연구를 촉발했다[58, 62].

실패와 실패 탐지

앞에서 시스템 모델의 동기화 가정이 합의 해결 가능성을 결정하는 데 중요한 역할을 한다고 설명했다. FLP 불가능성의 핵심은 프로세스가 실제로 실패했는지 아니면 단순히 반응이 느린 것인지에 대해 신뢰할 수 있는 결정론적 방식으로는 결론을 내릴 수 없다는 데 있다. 실패에 대해 추론할 수 있으려면 가장 먼저 시스템을 구성하는 프로세스와 통신 연결이 어떻게 실제로 실패할 수 있는지에 대해 정의를 내려야 한다. 그다음에는 특정 시스템 모델하에서 이러한 실패를 탐지하고 처리하는 방향을 고려해야 한다.

구성 요소는 실행하는 모든 기간 동안 오류 행동을 보이지 않았을 때만 정상^{correct}으로 간주하고, 그렇지 않은 경우에는 결함^{faulty}이라 부른다. 시스템을 구성하는 n개의 프로세스 중 최대 f개의 오류까지 허용하는 프로토콜을 f-복원 가능$^{f\text{-resilient}}$이라 한다. 관련된 문헌에서는 결함 프로세스를 나타낼 때 변수 t를 많이 쓰기도 하므로 t-복원 가능이라는 용어도 종종 보게 된다. 그러나 t는 대개 시간을 나타낼 때 많이 사용되므로 혼동을 없애기 위해 여기서는 f를 사용하기로 한다. 다음 정의(정의 6.3)는 분산 시스템 구성 요소에서 발생할 수 있는 서로 다른 여러 실패를 일반화했다.

정의 6.3 프로세스와 그 통신 연결이 보일 수 있는 실패의 유형

- **고장 실패**$^{crash\ failure}$: 구성 요소가 고장 나서 복원 불가능한 기본 실패 모델
- **누락 실패**$^{omission\ failure}$: 구성 요소가 메시지 전송이나 계산 수행 등의 특정 행동을 누락할 수 있다. 프로세스가 고장 후 복원(고장 복원)될 수 있다면 이 범주에 속하게 된다.
- **타이밍 실패**$^{timing\ failure}$: 타이밍 실패는 동기화 가정이 깨질 경우 발생한다. 비동기화 시스템에서는 타이밍 실패가 없다.
- **비잔틴 실패**$^{byzantine\ failure}$: 비잔틴 실패(종종 임의의 실패$^{arbitrary\ failure}$라 불리기도 한다.)

는 구성 요소가 기대 행동을 벗어나거나 악의적으로 행동하는 것도 허용한다. 이 실패는 메시지 내용의 중복 또는 변경, 요청하지 않은 메일의 전송, 앞서 열거한 실패 특성의 임시적 혹은 항구적 표출을 포함한다.

특히 비잔틴 실패를 가정하면 결함이 있는 프로세스가 기대 행동으로부터 임의적으로 벗어날 수 있으므로 합의 문제는 더욱 어려워진다. 프로세스가 고장 난 것인지, 단순히 메시지가 느린 것인지 구분할 수 없는 문제를 의미하는 FLP 불가능성 결과로 설명했었던 기저 문제를 해결하는 방법 중 하나는 실패 탐지기failure detector 형태의 쿼리를 사용하는 것이다.

실패 탐지기는 신탁oracle 같은 형태로 프로세스의 쿼리에 대해 프로세스가 실패한 것인지 아닌지에 대한 (부정확할 수도 있는) 추정을 알려준다. 1996년에 찬드라Chandra와 투그Toueg는 신뢰할 수 없는 실패 탐지자에 대한 개념을 완결성completeness과 정확성accuracy이라는 성질을 이용해 규정했다[39]. 논문은 구체적인 동기화 가정을 하는 대신 문제를 분산 실패 탐지기에 의존하는 것으로 추상화해 프로세스 실패 여부를 신뢰할 수 없는 실패 탐지기 모듈에 의존하는 것으로 했다. 따라서 모든 구체적인 타이밍 요구는 로컬에 있는 신뢰할 수 없는 실패 탐지기 모듈로 옮겨가고 문제는 순전히 이를 해결하기 위한 실패 탐지기의 추상화된 클래스로 표현하고 분류할 수 있다.

찬드라와 투그는 두 가지 완결성과 네 가지 정확도 성질에 기반해 여덟 가지의 서로 다른 실패 탐지기 부류를 정의했고, 비동기 시스템에서 합의를 해결하기 위해 요구되는 가장 약한 실패탐지기 부류는 $\Diamond W$로서 약한 완결성weak completeness과 궁극적으로 약한 정확도eventual weak accuracy를 필요로 한다.

반면 종료하는 신뢰 브로드캐스트(즉 비잔틴 장군 문제)는 강한 완결성과 강한 정확도가 요구되는 실패 탐지기 P가 필요함을 증명했다.

실패 탐지기 D를 D'($D \succeq D'$라 표기)로 변환할 수 있는 분산 알고리즘이 존재하면 실패 탐지기는 '축소 가능'이라고 한다. $D \succeq D'$고 $D' \succeq D$면, D는 D'와 동일한 것으로 간주되고 $D \cong D'$로 표기한다. 이와 유사하게 실패 탐지기의 부류 C는 다음을 만족할 때 C'로 축소 가능하다고 한다. $\forall D \in C, D' \in C' \rightarrow D \cong D'$는 $C \cong C'$로 표기한다[39].

정의 6.4 분류에 사용되는 실패 탐지기의 특성

완결성 성질은 다음과 같다.

1. **강한 완결성**: 궁극적으로, 고장 난 모든 프로세스는 모든 정상 프로세스로부터 영구히 의심받는다.

2. **약한 완결성**: 궁극적으로, 고장 난 모든 프로세스는 일부 정상 프로세스로부터 영구히 의심받는다.

정확성 성질은 다음과 같다.

1. **강한 정확성**: 고장 나기 전까지는 아무 프로세스도 의심하지 않는다.

2. **약한 정확성**: 일부 정상 프로세스는 절대로 의심받지 않는다.

3. **궁극적인 강한 정확성**: 일정 시간이 지나면 정상 프로세스는 다른 정상 프로세스로부터 의심받지 않는다.

4. **궁극적인 약한 정확성**: 일정 시간이 지나면 일부 정상 프로세스는 다른 모든 정상 프로세스로부터 의심받지 않는다.

표 6.1 서로 다른 실패 탐지기 부류

완결성	정확성			
	강함	약함	궁극적 강함	궁극적 약함
강함	완벽 $\mathcal{P}$	강함 $\mathcal{S}$	궁극적 완벽 $\Diamond\mathcal{P}$	궁극적 강함 $\Diamond\mathcal{S}$
약함	$\mathcal{Q}$	약함 $\mathcal{W}$	$\Diamond\mathcal{Q}$	궁극적 약함 $\Diamond\mathcal{W}$

정적 시스템 모델과 동적 시스템 모델

합의 문제에서 분산 시스템은 대개 유한 개의 프로세스 $\{p_1, p_2, \cdots, p_n\} = \Pi$로 모델링되

고 프로세스 간의 통신은 신뢰할 수 있는 점 대 점 연결을 통한 메시지 전달로써 이뤄진다. 일반적으로 통신 그래프는 양방향이고 완전 연결 그래프를 가정하지만, 연구 분야 중에는 다른 토폴로지[57, 101], 통신 모드(분산 공유 메모리 같은), 실패 모드를 가정하기도 한다. 프로세스와 통신 연결이 고정돼 있는 모델을 '정적 분산 시스템'이라 한다. 흥미롭게도 동적 시스템 모델에 대해서는 보편적으로 인정된 정의도 없고 현재로서는 동적 모델에서의 합의 연구가 많이 진행되고 있지도 않다. 비트코인과 유사 암호화 화폐들은 동적 시스템 모델에 더 근접하므로 이러한 상황이 바뀔 수도 있으며, 이 분야 연구가 나중에 많은 도움이 될 수도 있을 것이다.

발도니[Baldoni]와 동료들[11]은 다음과 같은 비공식 정의를 내리고 이러한 정의가 포함해야 하는 두 가지 속성에 대해 제안하고 연구했다. '동적 시스템은 매우 많은 임의 개수의 프로세스가 연속적으로 실행되는 시스템이며, 각 시간 구간이나 특정 시각에 모든 프로세스는 오직 임의 개수 시스템의 일부와만 직접적으로 상호작용한다.'

첫 번째 속성[11]은 시스템에 접속하거나 떠나는 개체와 관련돼 있다. 여기서는 무한하게 접속하는 모델을 가정했고 매번 무한히 많은 프로세스 $\{\cdots, p_i, p_j, p_k, \cdots\} = \varPi$ 가 시스템에 참여할 수 있다. 동시에 시스템의 일부가 될 수 있는 프로세스 개수의 가정을 달리함에 따라 다음과 같은 무한 도착 모델이 정의된다.

1. M^b: 시스템 내에 동시에 존재하는 개수는 항상 상수 b 이하로 제한된다.
2. M^n: 시스템 내에 동시에 존재하는 개수는 특정 시간 구간에는 제한되지만 모든 구간의 합집합을 구하면 제한되지 않을 수 있다.
3. M: 특정 시간 구간에 시스템에 참여하는 프로세스 개수는 시간이 흐름에 따라 무한 개가 될 수 있다.

두 번째 속성[11]은 완전 연결 통신 네트워크라는 일반 가정의 완화에 대한 것이다. 이는 대개 정적 시스템 모델에서 특정 시각을 고려하면 각 프로세스가 시스템의 일부만 볼 수도 있기 때문이다. 다음과 같은 지리적 속성이 정의됐다.

1. 특정 시각의 시스템은 그래프 $G = (P, E)$로 나타낼 수 있으며, 여기서 P는 현재 시스템에 있는 프로세스의 집합이고 E는 특정 프로세스 쌍을 연결하는 대칭적 이웃 관계를 나타내는 쌍 (p_i, p_j)의 집합이다.

2. 프로세스들이 도착하고 떠나는 역동성은 그래프에서의 점과 에지를 추가하거나 제거함으로써 모델링한다.

   (a) 그래프 G에 프로세스 p_i를 추가하면, G에 p_i와 특정 개수의 새로운 에지 $(p_i$ $p_j)$(여기서 p_j는 p_i와 직접적으로 연결된 프로세스다.)가 추가된 또 다른 그래프 G'를 얻을 수 있다.

   (b) 그래프 G에서 프로세스 p_i를 제거하면, 꼭지점 p_i와 p_i가 들어있는 모든 에지를 제거한 또 다른 그래프 G'를 얻게 된다.

   (c) 그래프에는 새로운 에지가 추가될 수 있고 있던 에지가 사라질 수 있다. 각각의 이러한 추가/제거는 그래프 G를 또 다른 그래프 G'로 변형시킨다.

3. $\{G_n\}_{run}$이 특정 시간 간격에서 시스템 내 일련의 그래프를 의미한다고 하자. 각 $G_n \in \{G_n\}_{run}$은 모든 시간 구간에서 지름이 1보다 큰 연결 그래프다.

별도의 설명이 없으면, 책에서 합의를 이야기할 때는 유한한 프로세스 집합으로 이뤄진 정적 시스템 모델과 신뢰할 수 있는 점 대 점으로 연결된 완전 연결 통신 그래프를 가정하기로 한다.

6.2.3 비잔틴 결함 허용

아직까지는 상대적으로 양호한 고장-중지 모델보다 더 심각한 실패를 다룰 수 있는 합의 프로토콜에 대한 문제를 적절히 다루지 않았다. 피스^{Pease}, 쇼스탁^{Shostak}, 램포트^{Lamport}가 [126]에서 처음으로 합의 문제를 설명할 때는 실패 모델에 대한 명시적 구분과 한계를 다룬 적이 없었으므로 프로세스의 임의 작동, 즉 비잔틴 실패 행동도 포함했다. 그들의 연구는 클럭 동기화, 센서 입력 안정화, 시스템 진단과 같은 여러 설계 측면에서 합의가 필요한 결함 허용 시스템의 개발로부터 유발됐다. 결함을 가진 프로세스가 상이한 답을 프로세스에 전송하게 되면 단순히 과반수 투표에 의한 방법은 일관성 유지에 충분하지 못하다는 깨달음은 과연 어떠한 환경에서 이러한 상호작용 일관성을 얻을 수 있는가에 대한 문제를 도출했다.

그들의 후속 세미나 논문인 비잔틴 장군 문제에서 램포트, 쇼스탁, 피스[101]는 악의적으로 행동할 수 있는 결함을 가진 노드를 설명하기 위해 '비잔틴 장군'이라는 용어를 사용했다. 이 논문이 결함 허용 시스템 연구 분야에 미친 강력한 영향을 넘어서서 비잔틴이라는 용어는 이후 임의의 혹은 악의적인 실패를 설명하는 용어로 쓰이게 됐다. 이러한 비잔틴 실패를 견딜 수 있는 능력을 가리키는 말로 비잔틴 결함 허용 또는 **BFT**라는 말이 쓰이게 됐다. 앞에서 설명한 것처럼, 일반적으로 임의와 비잔틴 실패 사이는 구분되지 않는다. 랜덤하게 임의로 발생하는 일련의 결함은 악의적 개체의 연합이 행동하는 것과 동일한 방식으로 발생할 수 있기 때문이다.

후속 페이지들에서는 좀 더 보편적으로 알려진 비잔틴 장군 문제를 살펴보기 전에 먼저 [126]에 설명돼 있는 상호작용 일관성interactive consistency의 개념에 대해 개괄해본다. 비잔틴 실패 모델에서 서로 다른 합의 문제를 설명하는 용어들을 둘러싸고 다소 혼란과 불확실성이 있어왔으며 현재도 그렇다. 특히 비잔틴 동의와 비잔틴 합의는 반드시 같은 합의 문제를 의미하지 않을 수 있다. 이러한 차이점도 비잔틴 장군 문제를 논할 때 살펴본다.

상호작용 일관성

상호작용 일관성은 프로세스의 집합이 벡터 값에 대해 동의하는 과정으로 각각의 정상 프로세스는 동일한 벡터를 출력하고 벡터의 각 원소는 정상 프로세스의 개별적 출력에 해당하거나 프로세스에 결함이 있다면 다른 어떤 값에 동의한 벡터가 된다. [126]에서는 상호작용 일관성이 다음의 맥락에서 고려됐다.

신뢰할 수 있는 점 대 점으로 연결된 프로세스의 집합 $\{p_1, p_2, \cdots, p_n\} = \Pi$로 구성된 동기화 시스템이 있다고 가정한다. 프로세스들은 동일한 벡터 $\{v_1, v_2, \cdots, v_n\} = V$(여기서 v_i는 프로세스 p_i의 특정 개별 값에 해당하고 n 프로세스 중 최대 f개의 프로세스가 실패할 수 있다.)에 동의하고자 한다. 앞서 정의한 합의 문제와 유사하게 상호작용 일관성에 대해서는 정의

6.5와 같이 정의할 수 있다.

정의 6.5 세 가지 성질로 정의한 상호작용 일관성 문제

1. **유효성**: p_i가 정상 프로세스면 벡터 V의 원소 v_i는 p_i의 개별 값에 해당한다.
2. **동의**: 정상 프로세스는 정확히 동일한 벡터 V에 동의한다.
3. **종료**: 모든 정상 프로세스는 (궁극적으로) 특정 벡터 V를 결정한다.

피즈와 동료들은 [126]에서, 통신에 이른바 구두 메시지$^{oral\ message}$를 사용하는 모델에서 f개의 결함 프로세스를 허용하려면 모두 $n \geq 3f + 1$개의 프로세스가 있어야 앞서 설명한 세 가지 성질을 보장할 수 있음을 증명했다. 반면 승인된 메시지$^{authenticated\ message}$라 불리는 강력한 명령어가 있다면 임의 개수의 오류를 허용할 수 있다. 즉 $n \geq f \geq 0$이다. 승인된 메시지는 기본적으로 가정을 강화시켜 정상 프로세스로부터의 메시지가 변경 불가$^{tamper-proof}$가 되므로 문건에 대한 확신이 가능하다. 그리하여 비잔틴 프로세스는 가정된 성질하에서는 메시지 변경이 바로 발각될 것이므로 특정 시각에 메시지를 들고 있거나 전달하는 두 가지 행동만 가능하다. 구두 메시지는 [101]에서 다음 성질을 따라 정의됐다.

정의 6.6 구두 메시지의 성질

1. 전송된 모든 메시지는 정확하게 배달된다.
2. 메시지 수신자는 송신자가 누구인지 안다.
3. 메시지가 오지 않는다면 그 사실을 탐지할 수 있다.

특히 두 번째 성질이 필요한데, 그렇지 않다면 단일 (비잔틴) 실패 프로세스만 있어도 모든 분산 알고리즘을 무력화할 수 있게 된다[100]. 승인된 메시지[8]의 경우 앞의 정의 6.6에 제4의 가정이 추가된다.

---

8   [101]에서 램포트와 동료들은 서명된 필기 메시지라고 불렀다.

정의 6.7   승인된 메시지를 위한 추가적인 제4의 성질

4. (a) 정상 프로세스에 의해 전송된 메시지는 조작할 수 없고 서명된 메시지 내용에 대한 모든 변경은 발각된다.

   (b) 모두가 정상 프로세스의 서명에 대한 진위를 검증할 수 있다.

메시지 인증을 추가하면 적어도 동기화 시스템 모델에서 비잔틴 실패에 대한 복원력이 상당히 향상되는 것은 명백하다.

나중에 설명하겠지만, 비대칭 시스템 모델에서는 메시지 승인이 있어도 실패 노드의 하한성은 $f < \lceil \frac{n}{3} \rceil$이다.

비잔틴 동의와 비잔틴 장군 문제

문헌상으로는 비잔틴 실패 모델에서의 서로 다른 합의 문제에 대한 용어 구분이 다소 모호할 수 있다. 비잔틴 동의는 앞서 설명한 비잔틴 실패 모델과 비잔틴 장군 모델에서의 합의 문제를 지칭할 때 모두 사용된다. 후자인 경우의 목표는 뛰어난 리더가 개인적 값을 모든 프로세스에게 전송하고 그 후 모든 정상 프로세스는 그 값에 동의하거나, 그렇지 않다면 송신에 결함이 있다고 판단하는 것이다. 이 문제는 사실 신뢰 브로드캐스트의 형태로, 특히 비잔틴 실패 모델에서의 (종료되는) 신뢰 브로드캐스트의 형태다. [71]에서 피셔는 상호작용 일관성의 해법이 어떻게 비잔틴 장군 문제로 상호 변환될 수 있는지 개괄했다(동기화 시스템 모델에서). 그러나 이 알고리즘은 메시지 통신을 한 차례 더 해야 한다는 점도 지적했다. 게다가 이후 [39]에서 설명한 바에 따르면, 종료되는 신뢰할 수 있는 브로드캐스트, 즉 비잔틴 장군 문제와 상호 교류 일관성은 일반적 합의보다 더 강한 동기화 과정이 필요하므로 비잔틴 합의는 비잔틴 동의보다 더 약한 문제로 간주된다.

여기서부터 비잔틴 합의는 오직 비잔틴 실패 모델에서의 합의 문제만을 의미하고, 비잔틴 동의는 비잔틴 장군 문제나 비잔틴 종료되는 신뢰할 수 있는 브로드캐스트를 의미한다. 다음 정의는 램포트와 동료들이 [19]에서 설명한 비잔틴 장군 문제다.

정의 6.8 비잔틴 장군 문제 또는 비잔틴 동의

서로 메시지를 전송해 통신하는 0부터 $n-1$까지의 번호가 매겨진 프로세스 집단이 있을 때, 다음을 만족하면서 프로세스 0이 모든 프로세스에게 값 v를 전송할 수 있는 알고리즘을 찾아보자.

1. 프로세스 0이 결함이 아니면, 결함이 아닌 모든 프로세스 i는 값 v를 얻어야 한다.
2. 프로세스 i와 j가 결함이 아니면, 두 프로세스는 같은 값을 얻어야 한다.

[30]에서 브라차^{Bracha}와 투그^{Toueg}는 구두 메시지로 된 비동기 시스템 모델에서 $f \geq \lceil \frac{n}{3} \rceil$ 이면(비잔틴 동의보다 약한 문제인) 비잔틴 신뢰 브로드캐스트[9]를 보장하기가 불가능함을 보여줬다. 다른 말로 하면, $n \geq 3f+1$이라는 요구 사항은 비대칭 비잔틴 신뢰 브로드캐스트 문제에도 적용된다.

정의 6.9 비잔틴 신뢰 브로드캐스트

1. 송신자가 정상이라면, 모든 정상 프로세스는 그 값에 따라 결정한다.
2. 송신자가 악의라면, 정상적인 프로세스는 모두 값을 결정하지 않거나 모두 같은 값을 결정한다.

이 정의는 합의에서 종료하는 성질 또는 **TRB**를 포함하지 않으므로 결함이 있는 송신기는 모든 정상 프로세스가 메시지를 보내지 못하게 할 수도 있다. 이 약화된 보장은 비대칭 시스템에서 필요한데, 그렇지 않다면 해법은 **FLP** 불가능 결과와 모순되게 될 것이다.

BFT에서의 신탁

고장-중지 실패 모델에서의 합의 방식과 유사하게 일종의 신탁^{oracle}을 사용해 시스템 모델을 보강하고 비잔틴 합의 또는 비잔틴 동의를 비동기화의 경우에서 해결할 수 있다. 실패 탐지기 또는 웜홀^{wormhole}이라 불리는 다음 두 접근 방법은 둘 다 프로토콜이 신뢰할 수 있

---

9 브라차와 투그는 이 문제에 대해 비잔틴 동의라고 불렀다.

는 추상화를 제공함으로써 요구되는 동기화 가정을 문제의 직접 영역 밖으로 옮긴다.

실패 탐지기: 여기서는 찬드라^{Chandra}와 투구^{Toueg}[39]에 의해 제안된 실패 탐지기 추상화가 비잔틴 실패 모델에 직접 적용된다고 가정할 수 있지만 실제로는 그렇지 못하다. 고장-중지 모델에서는 결함을 가진 프로세스의 작동이 잘 정의되지만 결함 있는 프로세스가 모든 종류의 다른 작동(심지어 경우에 따라 프로토콜 규정에 따라 움직이는 등)을 할 수 있는 비잔틴 실패에서는 그렇지 않다. 두두^{Doudou}와 동료들[61]은 비잔틴 실패 탐지기에 의한 프로세스 p의 비잔틴 작동 탐지는 실패 탐지기가 사용된 알고리즘 $\mathcal{A}$로부터 완전히 독립될 수 없다고 설명했다. 킬스톰^{Kihlstrom}과 동료들[95] 또한 비잔틴 결함에 탐지할 수 없는 부분 집합이 존재함을 지적했다.

[105]에서 말키^{Malkhi}와 라이터^{Reiter}는 비잔틴 실패 탐지기 부류 $\Diamond \mathcal{S}(bz)$를 정의했는데, 이 부류는 진척을 방지하는 (조용한) 작동만 탐지하고 나머지 모든 형태의 비잔틴 실패의 탐지는 합의 프로토콜의 상위 레벨로 미루는 역할을 하는 접근 방식을 사용했다. 프로세스가 메시지 전송을 중단했는지만 탐지하는 이러한 실패 탐지기는 두두와 동료들에 의해서도 정의됐으며, 이른바 침묵 실패 탐지기^{muteness failure detector}[62]라 불린다. 이러한 침묵 실패 탐지기는 $\Diamond M_A$로 표기하는데, 다음과 같은 성질을 가진다.

정의 6.10 침묵 실패 탐지기

1. **침묵의 $\mathcal{A}$-완결성:** 특정 시간 이상, 알고리즘 $\mathcal{A}$에 대해, 정상 프로세스 p에 대해 침묵하는 모든 프로세스는 p에 의해 영원히 의심받는다.

2. **궁극적인 약한 $\mathcal{A}$-정확성:** 일정 시간이 지나면, 알고리즘 $\mathcal{A}$에 대해 정상 프로세스 p는 다른 모든 정상 프로세스에 의해 더 이상 침묵하는 것으로 의심받지 않는다.

웜홀: 웜홀은 구조적 혼합^{architectural hybridization}의 개념과 밀접하게 연계돼 있고 더 약했을 수 있는 환경에 더 강한 보장을 응축해 제공한다[48]. 웜홀의 개념은 [146]에서 소개됐고 근본적으로 특정 시스템 모델에 '성취하기 힘든' 성질을 구현하거나 제공하고자 노력하는

대신 이러한 성질을 좀 더 쉽게 성취할 수 있는 서브시스템을 생성해 프로세스들이 이러한 서브시스템에만 접근하도록 (제한을) 하는 아이디어를 따른다.

최소 요구 조건(실패 탐지 능력 등)을 정의한 추상화 대신 웜홀은 보장 정도를 알 수 없었던 시스템에 통제할 수 있는 수준의 예측 가능성을 도입하는 능력을 부여한다.

웜홀을 사용하면 실패에 대한 복원력처럼 이전에는 불가능했을 경계 값들을 한층 더 개선할 수 있게 해준다.

예를 들어 코레이아^{correia}와 동료들[47]은 $n \geq 2f + 1$ 프로세스로 비대칭 비잔틴 합의를 성취하는 기법을 제시했다. 이를 위해 그들은 침묵 실패 탐지기와 임의 개수(f)의 결함 프로세스를 허용하도록 웜홀을 통해 강화된 신뢰 브로드캐스트 프로토콜을 병합했다. 그들의 접근 방식은 $n \geq 2f + 1$ 프로세스가 필요하고 고장-실패를 허용하는 모든 느슨한 합의 알고리즘을 $n \geq 2f + 1$ 프로세스가 필요한 비잔틴 실패를 허용하는 유사한 것으로 변환하는 데 사용할 수 있다. 그들은 랜덤화된 비동기 알고리즘(Ben-Or)과 부분적으로 동기화된(비동기지만 비신뢰 실패 탐지기로 강화된) 알고리즘(모스테파우이^{Mostefaoui}와 레이날^{Raynal} 합의[115]) 둘 다 이 추상화를 통해 수정되는 예를 보여줬다.

이 결과는 이전에 인정된 하한 경계 값인 $n \geq 3f + 1$과 서로 모순되지 않는다. 사실 시스템이 하이브리드이므로 웜홀의 더 강한 (동기화) 시스템 모델을 통해 이런 결과가 가능케 됐다.[10]

실질적인 비잔틴 실패 허용

비잔틴 결함 허용 합의 프로토콜과 **BFT** 상태 머신 복제를 구현할 수 있을지에 대한 문제는 처음에는 실제 환경에서 비현실적이라는 이유로 대개 외면받았다. 특히 당시의 제한된 네트워킹과 계산 용량을 감안하면 대규모 통신 오버헤드와 비전문화된 시스템에서 상대적으로 강한 동기화를 요구하는 것은 정당화되기 어려웠다.

---

10 인증된 메시지를 사용하는 동기화 시스템에서 비잔틴 합의는 $n \geq f \geq 0$에 대해 가능하다.

이는 비잔틴 합의에 관한 초창기 업적 중 제안된 프로토콜이, 그중에서도 특히 랜덤화를 고려해 제안됐던 것들[45, 130]이 스스로, 실제 구현에 적합하다고 언급했던 일부의 발표 내용과는 반한다.

1999년 카스트로Castro와 리스코프Liskov는 '실용적 비잔틴 결함 허용'[36]이라는 프로토콜을 제안했는데, 구체적인 성능 척도를 제공해 실생활에서 BFT가 지니는 가능성에 대한 일반적 이해를 바꿔놓음으로써 그 실용성을 설명했다. 대개 PBFT라 불리는데, 그들의 BFT 상태 머신 복제 프로토콜은 상대적으로 약한 동기화 가정에서도 효율적으로 운영할 수 있다. 특히 활성화liveness 보장은 최대 $f < \lfloor \frac{n-1}{3} \rfloor$ 복제가 결함이 있고 $delay(t)$가, 즉 메시지가 최초로 전송된 시각 t와 도착지에서 수신된 시각 차이, 무기한으로 커지지 않는 조건에서만 유효하다. PBFT는 승인된 메시지와 비신뢰 연결을 가진 (비동기) 네트워크에 의존하고 있지만 여전히 궁극적 진척이 이뤄진다. BFT 프로토콜에 대한 최근의 연구는 PBFT의 효율성과 성능 모두에 대해 개선했는데[84, 97], 이러한 시스템은 초당 수만 개의 트랜잭션 처리가 상대적으로 낮은 지연 시간으로 가능하고 인터넷이나 다른 대규모 WAN 등의 어느 정도 낮은 동기화가 보장되는 환경에서도 작동할 수 있음을 보여줬다. '실질적 비잔틴 결함 허용'이라는 용어 자체는 랜덤화 비잔틴 합의 알고리즘[34] 등의 다른 맥락에서도 사용할 수 있는데, PBFT의 동의어나 거기서 파생된 것으로 취급해서는 안 된다. BFT 상태 머신 복제와 비잔틴 합의 프로토콜은 결정적 혹은 확률적 설정 모두에서 최근 많이 개선됐음에도 불구하고 실제 환경에서의 보편적 적용은 여전히 두고 볼 일이다.

6.2.4 랜덤화 합의 프로토콜

비대칭 시스템 모델에서 합의를 해결하는 완전히 다른 접근 방식과 랜덤화에 기초해 FLP 불가능성 결과를 다루고자 한 시도는 벤오Ben-Or[16]와 라빈Rabin[130]에 의해 1983년 처음 이뤄졌다. 그로 인해 결함 허용 랜덤화 분산 알고리즘이라는 분야가 탄생했다. 이 두 논문은 모두 2015년 분산 컴퓨팅에서 에드거 다익스트라Edsger W. Dijkstra 상[11]을 수상했다.

---

11 http://www.podc.org/dijkstra/2015-dijkstra-prize/

랜덤화된 합의에서는 합의 문제의 종료 성질이 다음과 같이 완화된다.

정의 6.11   랜덤화 합의의 종료 성질

확률 1로 종료: 모든 정상 프로세스는 궁극적으로 어떤 값을 1의 확률로 결정한다.

이는 허용된 프로토콜의 실행이 궁극적으로 모두 종료되도록 요구하기보다 랜덤화된 기법의 실행에서는 실행이 사실 종료되지 않을 수도 있지만 통신 횟수 R이 무한대에 접근하게 되면 종료되지 않을 확률은 $Pr(0)$이 된다는 의미다.

일부 랜덤화 합의 해법은 동의 성질이 완화된 모델도 고려해볼 수 있다. 이를 통해 오류 확률이 $Pr(\alpha)$일 때 $Pr(1 - \alpha)$의 확률에도 불구하고 항상 유한한 통신 횟수 내에서 합의에 도달한다. 이러한 프로토콜은 몬테 카를로 랜덤화 합의 알고리즘[90]이라 부른다. 예를 들어 [130]에서 라빈은 고정된 횟수 R 동안 오류의 확률이 $\alpha = Pr(2^{-R})$인 프로토콜을 제시했다.

벤오와 라빈이 모두 랜덤화에 기반해 비동기 시스템에서의 합의 문제에 대한 해결책을 제시했지만, 그 둘의 접근 방식은 서로 다르다. 둘 다 시스템 모델로는 유한한 프로세스의 집합 $\{p_1, p_2, \cdots, p_n\} = \Pi$를 가정했으며, 그중 최대 f개만 결함이 있고 모든 프로세스 p는 p' 프로세스와 궁극적으로 전달되는 (비동기 신뢰 통신으로) 직접 메시지를 교환할 수 있다.

지역 동전 랜덤화 합의

벤오의 모델에서 프로세스는 구두 메시지[12]를 통해 통신한다. 이 구두 메시지에서 수신자 p'는 항상 메시지 m의 송신자 p를 특정할 수 있다고 가정하며, 이는 비잔틴 결함이 있을 때도 마찬가지다. 또한 각 프로세스 $p \in \Pi$는 항상 1/2의 확률을 가지는 지역 동전을 던질 수 있고, 그 결과 값은 $v \in \{0, 1\}$이다. 이 해법은 이진 합의를 위한 것이고, 프로토콜은 고장-실패와 비잔틴 실패 모델 둘 다에 대해 제안됐다. 고장-실패 모델에서는 전체 프로세

---

12   구두 메시지에 대한 용어의 정의와 더 자세한 설명을 보고 싶다면 6.2.3절을 참고하라.

스 개수 n이 결함 프로세스 개수 f보다 커야 하고 $n \geq 2f + 1$을 만족해야 하며, 비잔틴 실패 모델에서는 $n \geq 5f + 1$이 요구된다. 이 알고리즘은 허용할 수 있는 최대 고장−실패 개수라는 측면에서 볼 때 사실 최적의 알고리즘이다. 이러한 시스템 모델에서는 $n < 2f + 1$ 같은 합의는 불가능하기 때문이다[29].

프로토콜은 정보 교환 작업을 계속하는데 프로세스가 특정 작업 r에서 v에 대해 결정하면 모든 정상 프로세스는 그다음 작업 $r + 1$에서 v에 대해 결정한다. 만약 결정을 내리는 프로세스가 하나도 없다면, 양의 확률로 모든 정상 프로세스는 그다음 작업에서 결정을 내릴 것이다.

흥미롭게도 벤오 알고리즘의 (고장−실패 모델에 대한) 최초의 완전한 증명은 한참 후인 2012년에 발표됐다[5].

그 발표에서 $n \geq 2f + 1$이고 강력한 적(적은 프로세스의 상태와 메시지 내용은 물론 프로세스 단계와 메시지 수신을 스케줄링할 수 있다)에 대해 가정이 유효하다는 것을 증명했을 뿐만 아니라 벤오 같은 프로토콜에서는 랜덤화 소스인 로컬 동전 대신 글로벌 코인으로 대체해 종료 시간을 단축하려고 시도하면 오히려 종료를 방해해 종료되지 못하게 할 수도 있다고 설명했다.

전역 동전 랜덤화 합의

랜덤화 합의 프로토콜의 또 다른 흥미로운 측면은 합의가 기대 횟수 $f + 1$ 이내에 이를 수 있는가 하는 것이다. $f + 1$은 다수의 결정론적 합의 문제에서 최악의 경우 하한 경계 값으로 증명된 것으로, 여기에는 인증된 경우와 그렇지 않은 모든 경우의 비잔틴 장군 문제, 인증되지 않은 상호작용 일관성, 인증되지 않은 고장−복원 약한 합의 등이 있다[71].

그러나 벤오의 알고리즘은 이 관점에서 그리 효율적이지 못하며, 동의에 이르는 기대 횟수가 $f + O(\sqrt{n})$일 경우만 상수 횟수 이내에 가능하고 그렇지 않은 경우에는 횟수가 기하급수적으로 상승한다.

라빈이 [130]에서 제시한 해법에서는 비잔틴 합의[13]를 n과 결함 프로세스 f에 관계없이 작은 상수 횟수 번에 해결했다. 시스템 모델은 인증된 메시지를 사용하는 신뢰 통신을 가정했는데, 사전에 모든 프로세스에게 공개 키의 디렉터리와 결함 없는 딜러에 의해 공유 비밀shared secret[14]로 랜덤 비트의 시퀀스가 모두 제공됐다. 이 경우 공유 비밀은 랜덤화의 소스 역할을 한다. 즉 공유된 전역 동전을 사용해 벤오 알고리즘의 기하급수적인 시간과 반대로 일정한 기대 시간 내에 합의에 이르게 된다. 알고리즘은 비동기의 경우 $n \geq 10f + 1$의 조건을 만족해야 하고, 동기의 경우 $n \geq 4f + 1$의 조건을 만족해야 한다.

[145]에서 투그는 라빈의 알고리즘의 수정된 버전을 소개했는데 (비잔틴) 랜덤화 합의를 $n \geq 3f + 1$에 대해 역시 n과 f에 상관없는 작은 상수 횟수에 해결했지만 통신 복잡도가 올라갔으며, 이 값이 승인된 메시지를 가정하더라도 비잔틴 실패 모델의 비동기 합의를 해결하는 데 실패 개수 f에 대한 하한 값임을 증명했다.

랜덤화 및 비잔틴 오류 허용

최초의 랜덤화 합의 알고리즘[16, 130]은 비잔틴 장군 문제의 맥락에서 해법을 제시했으므로 비잔틴 실패는 이미 고려된 것이었다. 그러나 허용된 결함 프로세스 개수 f의 한계 값에 대해서는 여전히 최적이 아니었다. 얼마 후 비동기 시스템 모델에서의 비잔틴 합의 프로토콜은 $f \geq \lceil \frac{n}{3} \rceil$을 넘는 실패에 대해서는 인증된 메시지를 가정하더라도[145] 회복할 수 없음이 증명됐다[29]. 다시 말해, 시스템은 적어도 $n \geq 3f + 1$개의 프로세스가 필요하고 그중 최대 f개만 결함이 있어야 한다는 뜻이 된다.

흥미롭게도 초창기의 이 업적들은 확률 $Pr(1)$로 종료하는 완화된 종료 조건을 가진 랜덤화된 비잔틴 합의 알고리즘만 고려한 것이 아니라 정확한 동의가 어떤 확률 $Pr(1 - \alpha)$로만(이때 확률은 알고리즘이 실행된 (고정된) 횟수에 종속돼 있다.) 이뤄지는 그 변종들 또한 고려했다.

---

13 [130]에서 라빈은 비잔틴 장군 문제에 대해 이야기했다는 사실에 유의하자. 그러나 이 경우 메시지를 브로드캐스팅하는 '뛰어난 지도자'가 없다고 가정하고 모든 프로세스는 공통 값에 동의한다고 가정해 비잔틴 동의가 아니라 비잔틴 합의를 암시한다.
14 샤미르가 [138]에 설명한 비밀 공유 알고리즘 같은 것

이러한 비결정적 합의 성질을 가진 랜덤화 합의는 그때부터 연구 주제에서 상당히 간과돼왔다[48]. [90]에서 이쉬^{Ishii}와 템포^{Tempo}는 라스베이거스와 몬테 카를로 랜덤화 알고리즘이라는 용어를 도입해 제한된 확률로 부정확한 결과를 만들어내는 합의(몬테카를로)와 항상 정확한 결과를 만들지만 실행 시간이 랜덤인 것을 구분했다.

6.3절에서 다루겠지만 나카모토 합의의 보장은 사실 이러한 비결정적 합의 성질과 연계돼 있다. 블록체인의 블록에 대한 합의는 프로토콜이 진행될수록 기하급수적으로 $Pr(1)$로 증가하는 어떤 확률에 따라서만 보장되기 때문이다.

여기서 개괄한 것처럼 n과 f에 상관없이 적은 일정한 기대 횟수 단계 만에 확률 $Pr(1)$로 동의에 이르는 랜덤화된 합의 프로토콜은 존재한다. 특별히 라빈에 의해 소개된 전역 동전 모델은 향후 연구 과제로 주목받았는데 로컬 지역 동전 방식이 가진 일반적인 문제, 예컨대 벤오의 방식처럼 결함 프로세스의 수가 어느 이상이 되면 기대 횟수가 기하급수적으로 커지는 문제를 피할 수 있기 때문이다. 반면 지역 동전 모델의 장점은 구현상에서 알고리즘이 훨씬 간단하고 암호화에 의존하지 않는다는 것이다. 라빈 방식의 단점은 최초에 전역 동전 공유를 위한 분배를 위해 신뢰받는 딜러가 필요하다는 것이고, 이 공유된 랜덤화는 궁극적으로 소진돼버린다. 이렇듯 초기 동전 배분을 위해 신뢰받는 딜러를 필요로 하는 것과 공유된 동전이 소진돼버리는 것에 대해서는 이후의 논문에서 다루고 있다[34, 35].

종종 랜덤화된 합의 알고리즘은 과도하게 높은 기대 메시지와 시간 복잡도로 인해 비현실적으로 간주돼왔다[48]. 아마도 이런 가정은 종종 랜덤화된 합의 알고리즘이 고려되고 있는, 강한 대립 관계의 모델을 고려하지 않은 듯하다. 이러한 모델에서 실질적인 실생활 조건은 반영되지 않는다. 모니즈^{Moniz}와 동료들[113]은 예컨대 실질적인 설정에서 지역 동전과 전역 동전의 확률적 이진 비잔틴 합의 알고리즘을 비교했고 둘 다 실용적임을 증명했다. 특히 그 결과에서는 다음과 같은 것들을 보였다.

1. 공유 동전 프로토콜(SCP)은 지역 동전 기반의 프로토콜(LCP)보다 악의적 오류에 대해 더 안정적이다. 악의적 실수를 투입했지만 성능에 영향을 받지 않았기 때문이다.

2. LCP는 모든 실험 환경 설정에서 유사한 시스템 매개변수에 대해 SCP보다 훨씬 빠르다.

3. 양쪽 프로토콜의 측정된 평균 실행 횟수는 매우 작았고 오류가 없는 경우 1에 가까웠으며 f개 고장 프로세스가 있는 경우 정확히 1이었다. 비잔틴 실패에서는 SCP가 실패가 없는 시나리오와 비슷했고 LCP는 약간의 성능 저하를 보였는데 높은 n에서 두드러진 저하를 보였다.[15]

4. SCP가 더 느렸지만 전체 노드 n이 커지면 더 확장 가능했는데, 이는 LCP에 비해 성능 저하가 덜했기 때문이다.

5. LCP의 병목은 다수의 메시지 교환에 따른 네트워크 대역폭이지만 SCP의 경우 비대칭 암호화 계산을 위한 CPU가 병목이었다. 이를 통해 LCP는 LAN 환경에 더 적합하고 SCP는 WAN 환경에 더 적합하다는 것을 알 수 있었다.

[111]에서 밀러^{Miller}와 동료들은 실용적인 비동기 BFT 프로토콜을 제안하면서 그 설계를 특히 대역폭이 한정된 자원인 암호화폐 같은 시나리오에 최적화하도록 했는데, 이를 허니배저BFT^{HoneyBadgerBFT}라 부른다. 이는 카친^{Cachin}과 동료들[33]이 비대칭 (따라서 랜덤화된) 비잔틴 결함 허용 브로드캐스팅 프로토콜에 관한 업적을 확장하고 이전의 $O(N^2)$ 통신 복잡도를 $O(N)$으로 개선했다.

6.3 나카모토 합의 상세 분석

이 장에서는 지금까지 주로 합의와 비잔틴 결함 허용 측면의 기본 사항에 대해 설명했지만 비트코인이나 나카모토 합의에 관한 연관성은 다루지 않았다. 이제 이러한 측면을 비롯해 더 중요하게는 특정 합의 문제가 성취할 수 있는 성질과 한계에 대해 개괄해봤으니 드디어 나카모토 합의를 이 관점에서 논의할 수 있게 됐다. 우선 비트코인 프로토콜에만 한정된 몇몇 성질을 먼저 살펴보고 그 기저 합의 방법에 대해 알아보자.

---

15 $n = 10$인 상태에서 실험이 수행됐다.

익명 합의　비트코인이 가진 가장 흥미로운 측면 중 하나는 작업 증명 채굴을 통해 익명의 프로세스들이 합의에 참가할 수 있는 능력이다. 프로세스는 네트워크에 유효한 해법을 배포하기 전에 어떠한 정보도 드러낼 필요가 없다. 누구나(즉 익명이나 가명의 개체) 합의 프로세스에 참가할 수 있고 그에 따라 원론적으로 새로운 화폐 단위를 생성 가능한 모델을 보통 '비허가 방식permissionless' 설정이라 한다. 또한 BFT 합의 등에 기초한 설계처럼 신뢰받는 집합에 의존해 합의를 처리하는 방식을 통상 '허가 방식permissioned'이라 한다[143, 147].

비잔틴 결함과 동적 멤버십　여태까지 설명한 합의와 BFT 프로토콜은 대개 합의에 참가자들을 구성할 때 알려진 프로세스로 구성된 정적 집합을 가정한다.

동적으로 변하는 프로세스 집합들에 대한 동의는 그 자체로 합의와 연관된 문제로서 그룹 멤버십 문제Group Membership Problem다. 이 문제는 주로 고장-실패 모델에서 연구돼왔는데, 버만Birman과 조셉Joseph[19]이 소개한 ISIS 시스템에서의 가상 동기화virtual synchrony 개념에 의해 영향을 받았으며 JGroups[13], Spread[7], Appia[112] 같은 여러 종류의 실질적인 그룹 멤버십 시스템으로 이어졌다.

그룹 멤버십 시스템 맥락에서의 비잔틴 결함 허용은 램포트Rampart[131]나 시큐어링SecureRing[94] 같은 구현에서 연구됐다. 그러나 이러한 것은 모두 가변 멤버십 집합의 잠재적 비잔틴 프로세스를 부분적으로만 다룬다거나(램포트) 혹은 동기화 또는 비잔틴 실패 탐지 기능 등 상대적으로 강한 보장 측면을 가정한 상태(시큐어 링)에서의 연구에 관한 것이다.

이러한 시스템의 어려운 점 중 하나는 시빌 공격에 대응하는 것이고, 또 다른 하나는 같은 뷰16 내 혹은 뷰 간에 정직한 프로세스와 결함 프로세스 간의 비율이 변화할 때 보장을 유지하도록 하는 것이다. 일반적으로 비잔틴 결함 허용 동적 그룹 멤버십은 여전히 연구해야 할 과제들이 많은 주제다.

비잔틴 합의에서 여러 개의 신원으로 가장한 프로세스 같은 협잡꾼을 찾아내기 위해 적

16　동적 그룹 멤버십에서 특정 시각에 동의된 프로세서들의 집합을 뷰(view)라 한다. 집합에 동의한 프로세스들이 늘어나고 줄어드는 것에 맞춰서 점점 증가하는 뷰의 시퀀스에 따라 시스템이 진척된다.

당히 어려운 퍼즐을 사용하는 것은 아스프네스^{Aspnes}와 동료들[8]에 의해 설명됐다. 비트코인의 작업 증명은 이 방법을 따르고 있으며, 충분히 큰 다수의 활발한 프로세스가 결함이 아닌 한 블록체인에 대한 궁극적 동의를 형성하기 위해 프로세스의 집합이 변경되는 것을 허용하는 것처럼 보인다. 이후에 설명하겠지만, 비트코인(좀 더 일반적으로는 나카모토 합의) 이 보장할 수 있는 특정 성질에 대해서는 연구가 진행 중이다.

합의 확장성   많은 전통적 **BFT** 합의 시스템이 직면하고 있는 문제는 합의에 활발히 참여할 수 있는 프로세스의 개수에 따른 효율적인 확장성이 결여됐다는 것이다. 메시지 복잡도는 대개 제곱(즉 $O(n2)$) 정도로 예상하지만, 실질적인 시스템에서는 보통 그보다 작은 수의 프로세스를 가정하는데 적게는 열 개 미만에서 많아 봐야 수백 개 정도의 프로세스다.

대규모 프로세스 집합의 통신 오버헤드를 넘어서 작은 합의 그룹에 주목하게 된 것은 **BFT** 프로토콜은 많은 수의 프로세스가 참가하길 원하는 대규모 탈중앙화 시스템이 아니라 데이터베이스처럼 특정 서비스에만 결함 허용 복제를 제공하기 위해 상태 머신 복제 관점에서 개발돼왔기 때문이다. 이러한 모델에서는 대규모 프로세스 집합을 지원하기 위해 합의 역할을 선택된 일부 노드로 위임할 수도 있다. 이때 선택된 노드들은 피어들의 정보를 수집해 합의 투표에 반영하고 합의 결과를 배분하는 역할을 한다.

반면에 비트코인과 나카모토 합의는 대규모 프로세스들이 동시에 합의에 참가할 수 있게 해준다. 채굴 난이도가 조절돼 유효한 해법이 항상 특정 기간 이후에 찾아지도록 했기 때문이다. 노드끼리 통신할 필요는 없고 단지 새로 찾은 블록을 배부하기만 하면 된다. [147]에서 부코릭^{Vukolić}은 **PBFT** 및 그와 유사한 허가 기반의 기법을 비트코인 같은 비허가 방식과 비교했다.

6.3.1 나카모토 합의 정의

나카모토 합의를 구성하는 요소가 무엇인지에 대해서는 아직까지도 공통된 정의가 없는데다 비트코인와 다른 유관 시스템의 성질에 대한 연구에 반드시 나카모토 합의라는 명칭을 사용하는 것도 아니다. '비트코인 백본 프로토콜'[76], '나카모토의 블록체인 프로토콜'

[123] 같은 이름을 사용한 연구 결과도 있다. 그러나 나카모토 합의라는 용어가 점점 문헌에 쓰이고 있으며, 이 새로운 합의 방식의 명칭에는 이 명칭이 적합하다고 생각한다.

나카모토 합의의 문맥에서 블록체인이라는 용어를 정의할 수 있고 그럼으로써 이 기술의 분산 시스템적 측면을 고려할 수 있다. 이러한 작업에서 패스와 동료들[123]은 '추상적 블록체인'이라는 용어를 사용했으며 이 절(정의 6.13)에 소개돼 있다.

제대로 된 일반적 정의를 내리는 데 따르는 근본적인 어려움은 비트코인 프로토콜을 구성하는 다양한 방식들 간의 긴밀한 상호작용에서 비롯된다.

노드가 새로운 블록을 생성하기 위해 사용하는 작업 증명은 '확률적 리더 선출'의 형식만 제공하는 것이 아니라 공격자가 시빌 공격을 못하도록 방지하는 (약한) 인증 방식 역할도 수행한다.

이러한 리더 선출 방식은 사실 다른 노드들이 리더를 인정(즉 특정 높이의 유효한 블록의 생성자)하고, 새로운 블록들을 이 블록 다음에 추가하는 것이다. 블록체인의 깊이(좀 더 구체적으로는 시스템 내 전체 계산 자원에 관련해서 누적된 작업에 대한 인정)는 시스템의 모든 노드가 자신들이 유효하다고 간주하는 블록체인의 일부로서 이 블록에 동의하는 정도를 보여준다.

[108]에서 밀러[Miller]와 라비올라[LaViola]는 비트코인 작업 증명 합의 방식을 특히 궁극적 이진 합의에 이르는 단일 사례에 대해 고려했는데, 그들은 이를 '비트코인 합의 프로토콜'이라 불렀다. 특히 그들은 이를 몬테 카를로 랜덤화 합의(즉 동의에 오류가 발생하는 확률적 합의)에 연계시켰다.

몬테 카를로 합의: n개 프로세스 집합의 몬테 카를로 합의 프로토콜은 (그중 f개는 잘못됐을 수 있다.) 입력 값 $proposed_i \in \{0, 1\}$*을 수신하는 각 정상 프로세스 p_i로 시작하며 다음의 성질을 만족해야 한다.

1. **종료**: 모든 정상 프로세스는 일정 시간 후 단일 값을 출력해야만 한다.
2. **동의**: 모든 정상 프로세스는 동일한 값을 출력해야만 하고 그러지 않을 확률은 매우 미미해야 한다.

3. 유효성: 출력 값은 입력 값 중 하나여야 한다(상당히 높은 확률로).

이어 붙인 블록체인을 구성하는 대신에 프로세스는 선호하는 작업 증명 정보를 교환하고 스스로의 선택에 의해 가장 많은 표를 얻었을 것이라 판단되는 값을 고른다. 그들의 모델은 값 $v_i \in \{0, 1\}$로 시작하는 프로세스 p_i로 된 프로세스의 집합 $\{p_1, p_2, \cdots, p_n\} = \Pi$를 가정한다. 통신과 처리 시간은 둘 다 동기화되고 신뢰할 수 있다고 가정한다. 그러나 프로세스들은 메시지 소스를 알 수 있는 방법이 없다. 이러한 가정하에서 밀러와 라비올라[108]는 이러한 비트코인 합의 프로토콜은 적이 통제하는 계산 파워가 절대 반을 넘지 않으면(즉, $\sum_{b \in \mathcal{B}(t)} m(b) <$ 계산 파워의 50%) 앞서 설명한 몬테 카를로 합의 성질을 만족한다는 것을 보였다.

흥미롭게도 나카모토 합의의 변형으로 간주되는, 단일 합의에 대한 실패 복원에 관한 이 결과는 블록체인 데이터 구조나 상태 머신 복제의 다른 시스템 상태를 고려할 때 필요한 다수 경우의 합의로는 쉽게 변환되지 않는다.

다수 경우의 모델에서는 적들이, 단일 경우의 합의 모델과는 관련 없는 블록 유보 공격[69, 120] 같은 특정 전략을 구사할 수 있기 때문이다.

에얄^{Eyal}과 동료들[68]은 나카모토 합의를 상태 머신 복제의 맥락에서 정의했다. 그들의 모델에서 시스템은 신뢰할 수 있는 P2P 네트워크로 연결된 프로세스의 집합 $\{p_1, p_2, \cdots, p_n\} = \Pi$로 구성돼 있다. 각 프로세스는 (암호화) 랜덤 신탁을 통해 랜덤 비트 소스에 접근할 수 있다. 프로세스는 키 쌍을 생성할 수 있지만 신뢰할 수 있는 PKI는 가정하지 않는다. 2장에서 설명한 암호화 작업 증명 방식이 가정되는데 각 프로세스 $p \in \Pi$는 한정된 계산 파워를 가진다.

프로세스 p_i의 채굴 파워($m(i)$로 표기)는 제한된 계산 파워하에 PoW의 해법을 찾기 위한 초당 시도 횟수다. 특정 시각 t에서 노드 $\mathcal{B}(t) \in \Pi$의 부분 집합은 (이기적 채굴에 관한 에얄과 사이러[69]의 이전 발견에 따르면) 특정 시각 t에 $\mathcal{B}(t)$의 병합 채굴 파워에 상한선이 가정된 비잔틴이다. 즉, 다음과 같다.

$$\forall t : \sum_{b \in \mathcal{B}(t)} m(b) < \frac{1}{4} \sum_{p \in \Pi} m(p)$$

다시 말해, 특정 시각의 비잔틴 노드의 병합 채굴 파워는 1/4보다 작다. 그들의 모델에서 나카모토 합의는 다음의 세 가지 성질에 의해 표현된다.

정의 6.12 에알과 동료[68]들에 따른 나카모토 합의의 성질

1. **종료:** 다음을 만족하는 시간 차 함수 $\Delta(\cdot)$가 존재한다. 특정 시각 t와 값 $0 < \varepsilon < 1$에 대해 시각 t', $t'' > t + \Delta(\varepsilon)$에서 노드가 시각 t에서의 머신 상태에 대해 서로 다른 두 상태 값을 반환할 확률은 ε보다 낮다.

2. **동의:** 다음을 만족하는 시간 차 함수 $\Delta(\cdot)$가 존재한다. 값 $0 < \varepsilon < 1$에 대해, 시각 t에서 두 노드가 $t - \Delta(\varepsilon)$에서 다른 상태를 반환할 확률은 ε보다 낮다.

3. **유효성:** 비잔틴 노드의 채굴 파워의 일부가 f로 제한되면 (즉, $\forall t: \frac{\sum_{b \in \mathcal{B}(t)} m(b)}{\sum_{p \in \Pi} m(p)} < f$) 정직한 노드의 입력이 아닌 상태 머신 전환의 평균 비율은 f보다 작다.

[76]에서 가레이[Garay]와 동료들은 나카모토 합의를 '비트코인 프로토콜의 코어'를 통해 분석하고 형식적으로 설명했으며 '비트코인 백본 프로토콜'이라 불렀다. 그 기본 특성은 '공통 접두어 성질'과 '체인−품질 성질'이라 불리는 두 가지 성질로 설명했는데, 이들은 세 가지 매개변수 γ, β, m으로 정량화했고[17] γ와 β는 각각 정직한 노드의 회차별 해시 파워와 악의적 노드의 회차별 해시 파워다. m은 전체 참가자들이 회차별로 찾을 PoW의 기대 개수다. 시스템 모델은 정적 노드 집합과 동기화 통신 모델을 가정한다. 공통 접두어 성질이란 $\lambda^2 - m\lambda + 1 \geq 0$을 만족하는 모든 $\lambda \in [1, \infty)$에 대해 $\gamma > \lambda\beta$면 정직한 노드의 로컬 블록체인은 대규모 공통 접두어를 가진다는 것이다. 이는 두 정직한 노드가 상단의 k개 블록을 제거한 후에 서로 공통된 접두어를 가질 확률은 k에 지수적으로 비례해 증가한다는 의미다. 체인−품질 성질이란 모든 $\lambda \in [1, \infty)$에 대해 $\gamma > \lambda\beta$면 정직한 플레이어에 의해 생성된 블록의 비율이 적어도 $1 - \frac{1}{\lambda}$이라는 것이다.

---

17   [76]에서 가레이와 동료들은 변수 f를 사용했지만 여기서는 f를 이미 결합 프로세스 표기에 사용했으므로 대신 m을 사용했다.

패스와 동료들[123]에 따른 또 다른 정의는 나카모토 합의로 표현하거나 다음의 네 가지 핵심 성질을 만족해야 하는 추상적 블록체인을 '핵심 블록체인 프로토콜'이라 불렀다.

정의 6.13　추상적 블록체인

1. **T–일관성:** 매우 높은 (T에 대한) 확률로 특정 순간에 두 정직한 플레이어의 체인은 오직 마지막 T 블록에 대해서만 다를 수 있다.

2. **미래의 자체–일관성:** 매우 높은 (T에 대한) 확률로 특정 순간 r, s에서의 모든 정직한 플레이어의 체인은 직전 T 블록만 다르다.

3. **g–체인–성장:** 매우 높은 (T에 대한) 확률로 실행 중의 특정 순간에 정직한 플레이어의 체인은 직전 $\frac{T}{g}$ 차수에서 적어도 T 메시지만큼 자란다. g는 프로토콜의 체인–성장이라 불린다.

4. **μ–체인 품질:** 매우 높은 (T에 대한) 확률로, 어떤 정직한 플레이어가 유지하고 있는 모든 연속된 T개의 메시지에 대해 정직한 플레이어에 의해 생산된 메시지의 부분은 적어도 μ개다.

그들은 같은 논문에서 나카모토 합의를 비동기 시스템 모델에서의 이러한 성질에 기반해 분석했다. 이는 네트워크 지연에 대한 상한 Δ 없이, 적들이 매우 작은 계산 파워만 통제하는 환경에서도[18] 일관성과 체인 품질 모두 충족시키지 못한다는 것을 보였다. 게다가 적이 계산 파워의 반 이하 $\rho < \frac{1}{2}$로 통제하는 한, 모든 Δ에 대해 나카모토 합의는 T–일관성을 만족시키는 충분히 작은 채굴 어려움 p($p > \frac{1}{\rho n \Delta}$이면 일관성은 만족되지 않는다.)가 존재하고 그에 따라 나카모토 합의가 동기화 시스템 모델에서 일관성을 만족한다는 것을 보인 [76] 가레이와 동료들의 이전 발견 내용을 확장했다.

이 책을 저술하고 있는 시점에서 비트코인과 나카모토 합의의 성질 및 특성에 관한 연구는 여전히 활발하다.

18　특별히 어떤 $\delta > 0$에 대해 $\Delta < \frac{1+\delta}{\rho n p}$일 때, $\rho n p$는 한 차수에 공격자가 채굴할 블록의 기대 개수다.

요약

이 장에서는 결함이 있는 상태에서 동의에 이르는 것(즉, 합의)이 쉽지 않은 일이며, 그 해결 가능성은 시스템 모델 가정의 특성에 크게 종속됨을 확인했다. 동기화와 비잔틴 실패가 있는 약한 모델을 고려하면, 초창기의 해법들은 실생활 합의 문제를 구현하는 데 쓸모없는 것으로 간주될 수 있을 정도로 문제가 어려워진다. 오직 광범위한 계산과 네트워킹 자원이 충분한 용량으로 증가하고 비잔틴 합의 프로토콜이 개선돼야만 비잔틴 결함 허용이 가능해진다. 비잔틴 결함 허용 합의는 분산 시스템 중 참가 노드의 신뢰 정도가 최소화돼야 하는 문제에서는 근본적인 구성 요소다. 비트코인 프로토콜도 핵심 부분은 일반적 부류의 비잔틴 합의 프로토콜에 속한다. 한편으로는 익명의 참가자 등과 같은 가정으로 인해 합의 문제를 어렵게 해서 시빌 공격의 가능성을 만들게 된다. 다른 한편으로는 합의에서 동의에 대한 성질을 완화시켜 동의가 기하급수적으로 증가하는 높은 확률로 이뤄지는 몬테 카를로 합의가 된다. 그러나 오류의 확률이 존재한다.

나카모토 합의는 비잔틴 동의 문제를 새로운 각도로 다뤘고 결함 허용 분산 컴퓨팅의 오랜 문제를 실질적인 해법의 형태로 소개했다. 이러한 관점에서 나카모토 합의의 정확한 보장은 여전히 완전하게 명확하지는 않으며, 이 분야는 지속적인 연구의 대상이다. 여기서 (확률적인) 비잔틴 동의는 비동기화 시스템에서는 인증 메시지를 사용하더라도 $n < 3t + 1$ 에서는 불가능하다고 설명했다. 또한 하이브리드 모델인 웜홀에 대해서도 조명해봤다. 이 모델은 결과에 대한 개선을 도와 비잔틴 동의가 $n \geq 2f + 1$에서도 가능하고 비잔틴 TRB 는 $n \geq f$에서도 가능하다[15]. 그러나 이러한 웜홀은 동기화에 의존하거나, 그렇지 않으면 이전 증명에 대한 모순이 돼버린다.

나카모토 합의와 관련해서는 원래 정직한 대다수의 노드를 가정했고(즉 $n \geq 2f + 1$), 더 정확히는 대다수의 계산 파워를 통제하는 정직한 노드가 있어야 보장을 유지할 수 있다.

사토시 나카모토의 원 논문[117]은 형식을 갖춘 시스템 모델 설명이나 프로토콜 보증이 포함돼 있지 않으므로 향후 연구 과제로 남겨둔 셈이다. 에얄^{Eyal}과 실러^{Sirer}[69]의 논문과 [120]은 블록 유보 전략은 이기적 채굴자에게 정직한 채굴자에 비해 불공정한 이점을 부여하므로 이른바 51% 공격을 막기 위해 필요한 정직한 노드 개수가 더 증가되는 결과를 초래함을 보여줬다. 동기화 시스템 가정하에서는 단순화된 형태의 나카모토 합의로 단일-인스턴스 합의에 $n \geq 2f + 1$을 달성할 수 있음을 보여줬다. 그러나 블록체인 맥락에서의 나카모토 합의나 상태 머신 복제(즉 다수 인스턴스 합의)는 일반적으로 기대 보장을 제공하기 위해 $f < \lceil \frac{n}{3} \rceil$이 필요하다.[19] 또한 비동기 모델에서 나카모토 합의는 채굴 난이도가 유지되는 것과 연계돼 특정 최대 전송 지연에 대한 가정이 있어야만 보장을 제공할 수 있다.

---

19 $f < \lceil \frac{n}{2} \rceil$에서는 적이 자신의 해시율에 비해 비균형적으로 많은 수의 블록을 채굴할 수 있다. 그러나 정직한 채굴자들이 종종 하나 이상의 블록을 포함시키게 되므로 정직한 참여자에게 불리한 데도 불구하고 분산 원장이 가진 원칙적인 기능을 수행하도록 한다.

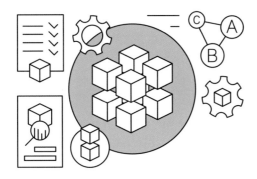

결론 및 향후 과제

비트코인은 탈중앙화 암호화폐가 기술적으로 가능함을 보여줬다. 2009년 초기 작동을 시작한 이후 비트코인 프로토콜과 그 폭넓은 커뮤니티는 전 세계적으로 자산 거래를 수행하는 탈중앙화 전역 화폐를 운영하는 것이 가능함을 증명했다.

동시에 그 기저 프로토콜 자체뿐 아니라 전체적인 생태계로서 다양한 공격과 악의적 노드에 대해 놀라울 만한 복원력을 보여줬다.

이러한 놀라운 성취에도 불구하고 여전히 해결해야 할 과제들이 많이 남아있다. 이러한 도전들은 대부분 암호화폐가 직면하고 있는 것으로서 기술에 관한 영역만은 아니다. 비트코인이 제공한 보안과 성질, 그리고 그곳에서 파생된 것들은 암호화 기본 기술과 합의 알고리즘 같은 기술적 측면과 채굴 보상금이 연계된 인센티브 공학 및 암호화폐에 대한 사람들의 신뢰(즉, 비트코인이 가지고 있는 가치와 그것의 유지) 등이 합쳐진 것이다. 그러므로 암호화 화폐는 사회학적 기술로 간주할 수 있는데, 이는 사회와 기술의 교집합에서 작동하는 것으로 볼 수 있다. 이 책은 암호화 화폐 기술의 기술적 측면에 집중한 것이므로 우선적으로 기술적 측면과 사용성 측면에서 남은 과제에 대해 알아보자. 사회적, 정치적, 법적, 규정적 과제에 얽힌 이슈들 또한 향후 암호화 화폐 기술과 그 생태계를 이해하고 발전시키기 위해 중요하지만 이 책의 범위를 벗어난다. 지금부터는 기술적 영역에서의 해결 과제에 대해 알아보자.

확장성 작업 증명에 기반한 비트코인 같은 암호화 화폐는 확장성 측면에서 한계가 있다. 네트워크 지연과 구조, 그리고 엄청난 계산량을 필요로 하는 작업 증명의 특성으로 인해 분명한 성능 제한이 존재한다. 비트코인 네트워크는 현재 초당 7~10개의 트랜잭션을 처리할 수 있지만[92], 비자VISA는 초당 수만 개의 트랜잭션을 처리할 수 있다[50, 92].[1] Pow 기반의 암호화 화폐는 보안과 성능 사이에 트레이드오프가 존재한다는 사실은 잘 알려져 있다[12, 79, 92, 139]. 암호화 화폐 기술(즉 블록체인)의 성능을 최적화하되, 해당 변경이 미치는 보안 영향에 대해 정보와 정확한 추정을 제공하는 것은 지속적인 연구 과제다. 비트코인-NG처럼 기존 프로토콜에 불쑥 변화를 일으키는 것을 최소화하기 위해 서로 다른 여러 방식이 제안됐다[68]. 완전히 다른 기저 합의 방법을 사용하자는 제안도 있으며[147, 148], 두 방식의 장점만을 결합하자는 하이브리드 시스템 모델[125]도 논의 중이다. 가능한 방향에 대한 논의는 [50]을 참고하라.

자원 소비 모든 작업 증명 기반 방식은 노드가 PoW를 제공하기 위해 사용할 수 있는 자원이 한정됐다는 사실에 기초하고 있다. 비트코인에서 이 자원은 에너지, 하드웨어, 네트워크 용량의 조합이다. 제한된 자원에 의존하지 않은 작업 증명이 있고 누군가 무한정 사용할 수 있다면, 이는 자동적으로 시빌 공격에 취약해진다. 비트코인의 익명성과 비허가 방식 설정으로 인해 필요한 작업 증명의 정답을 제출하는 노드는 이전 정보에 대해 어떠한 것도 드러낼 필요가 없다. 익명이 아닌 설정에서 노드가 시스템을 들락날락할 경우 노드가 악의적으로 행동할 수도 있는 비신뢰 모델을 유지하기는 힘들다.

흥미로운 문제는 가상화된 PoW 자원 방식에서도 보안성을 유지하면서 실용적이고 확

---

1   실제로 비트코인 시스템은 초당 세 개 정도의 트랜잭션만 처리하고 있다. - 옮긴이

장 가능한 덕분에 필요한 비허가 방식 모델에서 시빌 공격으로 보호할 수 있는 방법이 존재하는지 여부다. 이러한 방법은 에너지나 계산 하드웨어 같은 물리적 자원을 낭비하는 대신 가상 자원만 필요하다. 이러한 PoW 자원을 가상화하려는 처음 접근 방식을 바로 지분 증명proof-of-stake(POS)이라 부른다. 지분 증명은 피어코인[96] 같은 암호화 화폐에서 소개됐다. 지분 증명의 기본 아이디어는 참가자들이 자신이 소유한 암호화폐 일부를 사용해 다른 사람이 채굴자가 가진 것과 비교해 새로운 블록을 생성할 일정한 확률을 부여받는 것이다. 지분 증명 암호화폐에 관련된 몇 가지 어려움과 공격은 처음에 지적[17]됐고, 최근까지 그 개념과 제안된 프로토콜은 종종 형식적 모델과 보안 증명 부분이 결여됐다. 그러나 이러한 상황은 키아이아스Kiayias와 동료들[93], 그리고 벤토프Bentov와 동료들[18]의 최근 작업에서 개선됐는데, 둘 다 안전할 수도 있는 지분 증명 블록체인 프로토콜이다. 이러한 프로토콜에서 안정성을 확보할 수 있는 중대한 요소는 전역 랜덤 동전 같은 충분한 정도로 편향되지 않은 랜덤 신탁의 존재 또는 이를 생산할 수 있는 연합인 것으로 보인다.

지분 증명의 보안을 개선하는 또 다른 접근 방식은 예컨대 이더리움 재단이 PoS 합의 프로세스의 경제학적 인센티브를 통합하고 강화하기 위해 연구 중이다. 스래시어slasher[31]라 이름 붙어 제안된 프로토콜은 (특정 형태의) 악의적 행동을 탐지하고 결과적으로 그러한 행동을 한 가해자에 대해 자금이나 잠재적 블록 보상금을 동결하도록 하게끔 설계됐다.

PoW 자원을 가상화하려는 주제는 여전히 연구 중이며, 더 새로운 프로토콜의 제안과 개념의 영향은 아직 두고 볼 일이다.[2]

중앙화 vs. 탈중앙화 비트코인과 다른 암호화 화폐의 채굴에 관한 연구는 탈중앙화 PoW 기반 시스템에서도 중앙화 경향이 있음을 보여줬다. 문제는 암호화 화폐 생태계가 얼마나 탈중앙화될 수 있는지와 어느 정도 수준의 탈중앙화를 위해 어떤 방법을 사용해야

---

2 암호화폐에서 비잔틴 문제의 해결을 위해 인센티브를 접목하는 것은 새로운 아이디어지만, 그 인센티브를 조달하는 방법이 암호화폐를 통한 방식이라는 점은 경제학적으로 논란의 여지가 많다. 시각에 따라 이는 전혀 문제를 해결한 것이 아닐 수도 있다. 안정적이고 상생적인 인센티브 조달 방식을 설명하거나 제안한 블록체인은 아직 단 하나도 없다. 현재는 전혀 논리적으로 설명되지 않는 암호화폐의 투기 바람에 의해 블록체인이 유지되고 있을 뿐, 어떠한 체계적이거나 항구적인 방법론이 제시된 적은 없다. 이런 관점에서 블록체인 기술이 과연 항구적 가치를 가질 수 있는지에 대해서는 아직 어떠한 이론적 바탕도 정립되지 못했다. 이 부분은 역자의 저서 『비트코인과 블록체인, 탐욕이 삼켜버린 기술』에서 자세히 설명하고 있다. – 옮긴이

하는지에 대한 것이다. 어떤 단일 실패는 허용 가능하고 어떤 것은 안 되는지에 대한 문제인데, 예를 들면 강력한 교환, 채굴 풀, 그리고 영향력 있는 개발자 등이 있다.

비잔틴 결함 허용 시스템에 기반한 암호화 화폐의 경우, 합의를 위한 신뢰받는 노드 집합을 어떻게 구성하고 유지하는지와 어떤 노드가 참여할 것인지 누가 정하는가라는 문제가 제기된다. 합의 노드 집합이 적고 정적이면 비잔틴 실패에 대한 복원력은 좀 더 용이하게 성취할 수 있지만 시스템은 상당히 중앙화돼버린다. 좀 더 많은 잠재적 탈중앙화를 마련해주는 동적 그룹 멤버십 설정에서 비잔틴 오류 허용을 어떻게 성취할 것인가의 문제는 계속 연구 중인 과제다.

갱신 가능성 최근의 소프트웨어 결함과 서로 다른 암호화 화폐에서 특징을 갱신하려는 흐름에서 신뢰받는 제3자가 없는 분산 시스템의 갱신을 어떻게 처리할 것인가라는 문제가 대두됐다.

한 가지 가능한 방법은 프로토콜의 형식적 기술(예컨대 노드들이 합의에 이를 때 사용 중인 합의 시스템)을 인코딩해 데이터 구조에 넣는 것이다. 이를 통해 나머지 시스템과 동일한 합의 방식에 의존한 소프트웨어 갱신 방식을 개발할 수 있다. 이러한 시나리오에서는 각 사용자의 의견을 어떻게 반영할 것인지의 문제가 발생한다. 예를 들어, 비트코인에서는 오직 채굴자만이 합의 프로세스에 직접적이고 즉각적인 영향을 미친다. 거래소, 사용자, 상인, 그리고 개발자들은 전반적 생태계에 모두 영향을 미치지만, 실질적인 시스템 합의 프로토콜을 통한 직접적인 것이 아니라 채굴자에게 경제적 인센티브를 제공하거나 이성적 토론을 하는 등 모두 간접적인 것이다.

동전 관리와 사용성 5장에서 살펴본 것처럼 디지털 화폐를 관리하는 것은 여전히 많은 사람들에게 쉽지 않은 작업이다. 비트코인 같은 암호화 화폐의 탈중앙화 속성으로 인해 사용자들은 대개 자신의 디지털 자산을 관리해야 한다. 사고가 발생하면 사용자들은 백업으로부터 키를 복원해야 한다. 이는 은행과 정부 기관에 의존하는 전통적인 화폐와 근본적으로 다르다. 그러므로 탈중앙화 암호화폐는 중대한 문제와 의무를 사용자들에게 지운다. 기저 암호화 기반은 대개 비전문가인 사용자가 이해하기 힘들고 그에 따라 많은 사람들이 그들의 키와 코인을 관리하기가 어렵다고 느낀다. 따라서 제3자(지갑 호스팅 업체)에게 관리를 맡기길 원하게 된다. 전통적 은행과 비교할 때 이런 업체들은 추적이 어렵고 보안 사고 시 정부 기관이나 보험 회사 등에서 지원받지 못한다. 또한 이러한 중앙화된 개체들이 믿을 수 있는가 하는 것도 투명성의 결여와 불충분한 법 및 관리 규정으로 인해 결정하기 힘들다. 5장에서 설명한 것처럼 대부분의 개인은 호스팅된 CMT를 사용하고 있는데, 이는 비트코인의 기본적인 탈중앙화의 혜택과는 모순된다. 그러므로 설계자와 연구자들의 기본적 연구 과제는 사용자들에게 사용성이 충분히 뛰어난 관리와 백업 시스템을 제공해 자신들의 비트코인을 중앙화된 개체에 의존하지 않고 스스로 관리하도록 하는 것이다. 대부분의 암호화 사용자 응용프로그램에는 사용자로 하여금 공개 키를 직접 조작하게 한다는 근본적인 문제가 있으며, 공개 키 암호화의 개념을 사용자들이 어느 정도 이해하고 어떠한 정신적 모델을 가졌는지는 더 알아봐야 한다. 비트코인이 가진 또 다른 사용자—컴퓨터의 상호작용 문제는 비유의 사용에 있다. 5장에서 알아본 것처럼, 비트코인은 전통적 화폐에서 유래된 비유를 과도하게 사용하고 있다. 그러나 이러한 비유는 종종 오해의 소지가 있어 탈중앙화 화폐와 상호작용(즉 지급 처리)할 때 사용자의 이해력을 저해한다.

복원 암호화 화폐는 디지털 재화(즉 비트코인)에 대한 책임을 사용자 손에 전가한다. 사용자들은 실수할 수도 있고 시스템의 보안이 해제될 수도 있다. 또한 안전한 망에서 작동하는 기술과 우수 사례가 필요하다. 예컨대 다수 서명, 하드웨어 지갑, 콜드 스토리지 등이 있다. 기술적으로 이러한 방법은 이미 존재하지만, 대부분의 소프트웨어 지갑은 이러한 기술을 지원하지 않는다. 더구나 개인 키가 이미 손실돼버린 화폐에 대한 계정 정책을 대상으로 향후 연구도 필요하다. 이 경우 기저 블록체인(원장)의 불변성과 가명 사용은 침해되거나 약화돼서는 안 된다. [114]와 같은 가능성은 빙산의 일각에 불과하다.

7.1 결론

비트코인 프로토콜은 서로 다른 분야의 기술과 개념을 총명하게 섞은 것으로 그 조합은 놀라울 만한 무엇인가를 만들어냈다. 사용된 대부분의 기본 기술, 예컨대 암호화 해시 함수를 체인처럼 묶은 것이나 비대칭 암호화, 또는 작업 증명은 비트코인이 나타나기 이전에도 한동안 알려지고 연구돼온 것들이다. 비트코인의 참신함은 이러한 구성 요소를 게임 이론에 기초한 인센티브 시스템과 융합해 디지털 화폐라는 실질적인 사용 사례로 만들었다는 데 있다. 이는 나카모토 합의라 불리는 새로운 확률적 분산 합의 시스템을 탄생시켰다. 이 방법의 참신함은 채굴 과정에서 사전에 어떠한 신뢰의 설정 절차를 요구하지 않음으로써 합의 프로세스 참여를 익명으로 할 수 있었다는 데 있다.

비트코인이 모든 것을 해결해줄 수는 없지만 서로 다른 분야와 커뮤니티에 영향을 미친 것은 확실하다. 비트코인은 새로운 부류의 랜덤화 합의 시스템을 탄생시켰고, 전반적인 분산 합의와 비잔틴 오류 허용 시스템의 연구를 재점화했다. 비트코인은 이러한 기술 집합의 개발을 주도하는 활발하고 다양한 커뮤니티를 초심으로 돌아가게 했다. 원래의 온라인 문헌, 소프트웨어 구현, 그리고 향후 커뮤니티에 의한 개발은 초창기에 전통적 학문 연구와 논문 발표 사이클을 앞질렀다. 비트코인은 완전한 이론적 모델이나 작동 원리가 생기기도 전에 수십억 달러 자산의 탈중앙화 디지털 화폐 시스템이 운영될 수 있음을 보여줬다. 비트코인은 여러 학문이 합쳐진 사고를 통해 새로운 접근 방식과 실질적 응용을 가진 해법이 나올 수 있음을 증명했다.

비트코인과 블록체인이 생활의 모든 것에 대한 해답이 될 수는 없겠지만 공상가로서 이러한 기저 기술과 기법의 융합은 서로 다른 연구 분야에 새로운 가능성을 개척했다. 더구나 암호화 화폐 기술은 또한 사회학적이고 실제적인 차원의 파괴적 잠재력을 가지고 있다. 이전에는 절대적 제3자 또는 실물 동전 없이 전 세계적인 화폐를 만드는 일이 이렇듯 쉬운 적이 없었다. 패러다임의 이러한 변화는 우리들로 하여금 돈과 화폐에 대한 개념을 다시 생각하게 해줬으며, 각각 개별적 기술과 규칙을 사용자들의 커뮤니티 내에 구현한 다수의 서로 다른 암호화폐가 공존하는 세상을 생각해볼 수도 있다. 서로 다른 암호화 화폐를 손쉽게 사용할 방법이 존재하고 그들 간의 자산을 교환할 수 있다면, 단일 암호화폐에 모든 것을 의존하지 않아도 될 것이다.

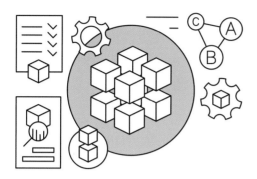

부록 A

용어 설명

암호화 화폐는 상대적으로 새로운 연구 분야이므로 어떤 용어나 해석에서 하나의 명칭이 정착되지 않았다. 또한 그 표기도 보편적으로 동의된 것이 아니다. 예를 들어 '블록체인'과 '블록 체인'이라는 두 표기가 공존한다. 부록 A에서는 이 책에 사용되는 중요한 용어들을 설명해 모호성을 없애고자 한다.

가상 화폐

유럽 중앙은행은 2014년 이 용어를 '중앙은행이나 공공 기관이 발행하지 않고 명목 화폐가 연동돼 있지도 않지만 사람이나 법인에 의해 지급의 수단으로 허용되고 전자적으로 이전, 저장이 되는 가치의 디지털 표현'이라고 재정의했다.

나카모토 합의

이 책에서는 '나카모토 합의'를 비트코인의 기저 합의 방식을 지칭하는 용어로 간주한다. 이 방식의 경우 분산 시스템에서 익명의 참가자의 동적 집합이 작업 증명과 경제적 인센티브를 활용해 궁극적 합의에 도달한다.

난이도

난이도 D는 작업 증명이 어려운 정도를 나타내는 다른 방법이다. 난이도는 최대 타깃과 현재 타깃의 비율로 정의된다.

$$D = \frac{T_{\max}}{T_c}$$

분산 화폐

분산 암호화 화폐 또는 분산 암호화폐는 암호화 기본 기능을 사용해 화폐 단위의 통제와 생산을 보장하고 교환의 매개체로 작동하기 위해 설계된 디지털 자산 시스템이다.

블록체인(또는 블록 체인)

블록체인이란 용어에 대해서는 많은 정의가 있지만, 이 책에서는 그중 두 가지 범주를 사용한다. 광범위한 프린스턴 정의에 따르면, 블록체인이란 연결 리스트로서 서로의 위치를 가리키는 포인터를 원소에 대한 해시 합으로 사용하는 데이터 구조를 가진 것이다. 더 자세한 내용은 4.1절을 참고하라. 6.3절에서는 비트코인 프로토콜과 방식을 형식화하기 위한 것에 집중한 여러 정의를 소개하는데, 블록체인 개념을 좀 더 추상적인 이점의 관점에서 고려한다.

비허가 방식, 공개, PoW 블록체인

이런 블록체인의 핵심 성질은 (체인의 상태에 대한 합의가 이뤄져야 하는) 노드의 정체가 가명이거나 익명이어서 새로운 노드가 합의 프로토콜에 참가하는 것이 상대적으로 제약이 없다는 것이다. 부코릭과 동료들은 이를 작업 증명(POW) 블록체인이라 불렀다 [147].

신뢰할 수 있는 제3자

신뢰할 수 있는 제3자(TTP)는 두 상대방 A와 B 사이의 중재 C가 요구되는 것을 지칭한다. C는 신뢰할 수 있어서 A와 B가 프로토콜에 따라 안전하게 상호작용하고 거래할 수 있어야 한다.

암호화폐 또는 암호화 화폐

암호화 화폐 또는 암호화폐는 암호화 기본 기능을 사용해 화폐 단위의 통제와 생산을 보장하고 교환의 매개체로 작동하기 위해 설계된 디지털 자산 시스템이다.

암호화 화폐, 분산 원장, 블록체인 기술

여기서는 암호화 화폐 기술, 분산 원장distributed ledger 기술, 합의 원장consensus ledger 기술, 블록체인 기술을 전체 기술을 지칭하는 포괄적 용어로 정의한다. 전체 기술은 암호화 화폐, 여러 종류의 블록체인, 트랜잭션 원장, 암호화 기본 기술, 결함 허용 분산 컴퓨팅 측면, 게임 이론 접근 방식, 네트워킹 측면, 언어 보안 측면 등에 사용된다.

작업 증명(PoW)

다음과 같은 상위 개념 특성을([119]에 따라) 수행하는 시스템을 나타낸다.

- PoW는 검증하기 쉽다.
- PoW를 계산하기 어려운 정도는 조정할 수 있다.
- 모든 참가자는 자신이 투자한 자원에 비례해 유효한 PoW를 찾을 확률을 가지고 있다.

제로 비트

타깃 T 맨 앞에 있는 연속된 0의 개수

타깃

타깃 T는 작업 증명의 유효성 조건(즉, 어려운 정도)을 기술한다. 비트코인에서 유효한 PoW는 다음과 같이 정의된다.

$$SHA256^2(블록 헤더) \leq T$$

허가 방식, 컨소시엄, 개인, BFT 블록체인

이러한 형식의 블록체인이 가진 핵심 성질은 (체인의 상태에 대한 합의가 이뤄지는) 노드의 집합이 알려져 있고 합의 집합에 대한 허가가 제한적이라는 것이다. 부코릭과 동료들은 이러한 형태를 비잔틴 결함 허용(BFT) 블록체인[147]이라고 불렀다. 좀 더 세분화한다면, 노드를 구성하고 선택하는 방식에 따라 허가 방식 블록체인과 프라이빗 블록체인으로 구분할 수 있다.[1]

---

1   https://blog.ethereum.org/2015/08/07/on-public-and-private-blockchains/

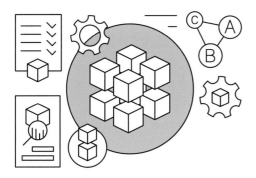

부록 **B**

—

참고 문헌

[1] Coinmarketcap. http://coinmarketcap.com/

[2] Namecoin. https://namecoin.org/

[3] Requiem of a Bright Idea. http://www.forbes.com/forbes/1999/1101/ 6411390a. html

[4] H. Abelson, R. Anderson, S. M. Bellovin, J. Benaloh, M. Blaze, W. Diffie, J. Gilmore,P. G. Neumann, R. L. Rivest, J. I. Schiller, et al. The risks of key recovery, key escrow, and trusted third-party encryption. *World Wide Web Journal*, 2(3):241–257, 1997.

[5] M. K. Aguilera and S. Toueg. *The correctness proof of ben-or's randomized consensus algorithm*. Volume 25, pages 371–381. Springer, 2012. DOI: 10.1007/ s00446-012-0162-z.

[6] P. C. v. O. Alfred J. Menezes and S. A. Vanstone. *Handbook of Applied Cryptography*, 5th ed. CRC Press, 2001. DOI: 10.1201/9781439821916.

[7] Y. Amir and J. Stanton. The spread wide area group communication system. *Technical Report, TR CNDS-98-4, the Center for Networking and Distributed Systems*, Johns Hopkins University, 1998.

[8] J. Aspnes, C. Jackson, and A. Krishnamurthy. Exposing computationally-challenged byzantine impostors. Department of Computer Science, Technical Report, Yale University, New Haven, CT, 2005.

[9] E. B. Authority. Eba opinion on virtual currencies. http://www.eba.europa.eu/documents/10180/657547/EBA−Op−2014−08+Opinion+on+Virtual+Currencies.pdf, 2014.

[10] A. Back et al. Hashcash−a denial of service counter−measure. http://www.hashcash.org/papers/hashcash.pdf, 2002.

[11] R. Baldoni, M. Bertier, M. Raynal, and S. Tucci−Piergiovanni. Looking for a definition of dynamic distributed systems. In *International Conference on Parallel Computing Technologies*, pages 1–14. Springer, 2007. DOI: 10.1007/978−3−540−73940−1_1.

[12] T. Bamert, C. Decker, L. Elsen, R. Wattenhofer, and S. Welten. Have a snack, pay with bitcoins. In *Peer-to-Peer Computing (P2P), 13th International Conference on*, pages 1–5. IEEE, 2013. DOI: 10.1109/p2p.2013.6688717.

[13] B. Ban. Design and implementation of a reliable group communication toolkit for java. Cornell University, 1998.

[14] G. Becker. Merkle signature schemes, merkle trees and their cryptanalysis. Ruhr−University Bochum, Technical Report, 2008.

[15] Z. Beerliová−Trubíniová, M. Hirt, and M. Riser. Efficient byzantine agreement with faulty minority. In *Proc. of the Advances in Crypotology 13th International Conference on Theory and Application of Cryptology and Information Security*, pages 393–409. Springer−Verlag, 2007. DOI: 10.1007/978−3−540−76900−2_24.

[16] M. Ben−Or. Another advantage of free choice (extended abstract): Completely asynchronous agreement protocols. In *Proc. of the 2nd Annual Symposium on Principles of Distributed Computing*, pages 27–30. ACM, 1983. DOI: 10.1145/800221.806707.

[17] I. Bentov, C. Lee, A. Mizrahi, and M. Rosenfeld. Proof of activity: Extending bitcoin's proof of work via proof of stake [extended abstract] y. *ACM SIGMETRICS Performance Evaluation Review*, 42(3):34–37, 2014. DOI: 10.1145/2695533.2695545.

[18] I. Bentov, R. Pass, and E. Shi. Snow white: Provably secure proofs of stake. https://eprint.iacr.org/2016/919.pdf, 2016.

[19] K. Birman and T. Joseph. Exploiting virtual synchrony in distributed systems.

ACM, Volume 21, 1987. DOI: 10.1145/37499.37515.

[20] A. Biryukov, D. Khovratovich, and I. Pustogarov. Deanonymisation of clients in bitcoin p2p network. In *Proc. of the SIGSAC Conference on Computer and Communications Security*, pages 15–29. ACM, 2014. DOI: 10.1145/2660267.2660379.

[21] A. Biryukov and I. Pustogarov. Bitcoin over tor isn't a good idea. In *Security and Privacy(SP), Symposium on*, pages 122–134. IEEE, 2015. DOI: 10.1109/sp.2015.15.

[22] Bitcoin community. Bitcoin-core source code. https://github.com/bitcoin/bitcoin

[23] Bitcoin community. Bitcoin developer guide. https://bitcoin.org/en/developerdocumentation

[24] Bitcoin community. Bitcoin improvement proposals (bips). https://github.com/bitcoin/bips

[25] M. Blaze. Protocol failure in the escrowed encryption standard. In *Proc. of the 2nd Conference on Computer and Communications Security*, pages 59–67. ACM, 1994. DOI: 10.1145/191177.191193.

[26] D. Boneh and V. Shoup. A graduate course in applied cryptography. https://crypto.stanford.edu/~dabo/cryptobook/, 2008.

[27] J. Bonneau, A. Miller, J. Clark, A. Narayanan, J. A. Kroll, and E. W. Felten. Sok: Research perspectives and challenges for bitcoin and cryptocurrencies. In *IEEE Symposium on Security and Privacy*, 2015. DOI: 10.1109/sp.2015.14.

[28] J. W. Bos, J. A. Halderman, N. Heninger, J. Moore, M. Naehrig, and E. Wustrow. Elliptic curve cryptography in practice. In *Financial Cryptography and Data Security*, pages 157–175. Springer, 2014. DOI: 10.1007/978-3-662-45472-5_11.

[29] G. Bracha and S. Toueg. Resilient consensus protocols. In *Proc. of the 2nd Annual Symposium on Principles of Distributed Computing*, pages 12–26. ACM, 1983. DOI: 10.1145/800221.806706.

[30] G. Bracha and S. Toueg. Asynchronous consensus and broadcast protocols. Volume 32, pages 824–840. Citeseer, 1985. DOI: 10.1145/4221.214134.

[31] V. Buterin. Slasher: A punitive proof-of-stake algorithm. https://blog.ethereum.org/2014/01/15/slasher-a-punitive-proof-of-stake-algorithm/, 2014.

[32] V. Buterin. Chain interoperability. https://static1.squarespace.com/static/

55f73743e4b051cfcc0b02cf/t/5886800ecd0f68de303349b1/1485209617040/
Chain+Interoperability.pdfi, 2016.

[33] C. Cachin, K. Kursawe, F. Petzold, and V. Shoup. Secure and efficient asynchronous broadcast protocols. In *Annual International Cryptology Conference*, pages 524–541. Springer, 2001. DOI: 10.1007/3–540–44647–8_31.

[34] C. Cachin, K. Kursawe, and V. Shoup. Random oracles in constantinople: Practical asynchronous byzantine agreement using cryptography. In *Proc. of the 19th Annual Symposium on Principles of Distributed Computing*, pages 123–132. ACM, 2000. DOI: 10.1145/343477.343531.

[35] R. Canetti and T. Rabin. Fast asynchronous byzantine agreement with optimal resilience. In *Proc. of the 25th Annual Symposium on Theory of Computing*, pages 42–51. ACM, 1993. DOI: 10.1145/167088.167105.

[36] M. Castro, B. Liskov, et al. Practical byzantine fault tolerance. In *OSDI*, Volume 99, pages 173–186, 1999.

[37] Certicom Research. SEC 1: Elliptic Curve Cryptography, Version 2.0. http://www.secg.org/sec1–v2.pdf, 2009.

[38] Certicom Research. SEC 2: Recommended elliptic curve domain parameters, version 2.0. http://www.secg.org/collateral/sec2_final.pdf, 2010.

[39] T. D. Chandra and S. Toueg. Unreliable failure detectors for reliable distributed systems. Volume 43, pages 225–267. ACM, 1996. DOI: 10.1145/226643.226647.

[40] B. Charron-Bost and A. Schiper. Uniform consensus is harder than consensus, 2004. DOI: 10.1016/j.jalgor.2003.11.001.

[41] D. Chaum. Blind signatures for untraceable payments. In *Advances in Cryptology*, pages 199–203. Springer, 1983. DOI: 10.1007/978–1–4757–0602–4_18.

[42] D. Chaum. Security without identification: Transaction systems to make big brother obsolete. Volume 28, pages 1030–1044. ACM, 1985. DOI: 10.1145/4372.4373.

[43] D. Chaum, A. Fiat, and M. Naor. Untraceable electronic cash. In Proc. on *Advances in Cryptology*, pages 319–327. Springer-Verlag, New York, 1990. DOI: 10.1007/0–387–34799–2_25.

[44] L. Chen, P. Morrissey, N. P. Smart, and B. Warinschi. Security notions and generic constructions for client puzzles. In *International Conference on the Theory*

and Application of Cryptology and Information Security, pages 505 – 523. Springer, 2009. DOI: 10.1007/978-3-642-10366-7_30.

[45] B. Chor and B. A. Coan. A simple and efficient randomized byzantine agreement algorithm. Number 6, pages 531 – 539. IEEE, 1985. DOI: 10.1109/tse.1985.232245.

[46] H. Cohen, G. Frey, R. Avanzi, C. Doche, T. Lange, K. Nguyen, and F. Vercauteren. *Handbook of Elliptic and Hyperelliptic Curve Cryptography*. CRC Press, 2005. DOI: 10.1201/9781420034981.

[47] M. Correia, G. S. Veronese, and L. C. Lung. Asynchronous byzantine consensus with 2f+ 1 processes. In *Proc. of the Symposium on Applied Computing*, pages 475 – 480. ACM, 2010. DOI: 10.1145/1774088.1774187.

[48] M. Correia, G. S. Veronese, N. F. Neves, and P. Verissimo. Byzantine consensus in asynchronous message-passing systems: A survey. Volume 2, pages 141 – 161. Inderscience Publishers, 2011. DOI: 10.1504/ijccbs.2011.041257.

[49] F. Cristian. Understanding fault-tolerant distributed systems. Volume 34, pages 56 – 78. ACM, 1991. DOI: 10.1145/102792.102801.

[50] K. Croman, C. Decker, I. Eyal, A. E. Gencer, A. Juels, A. Kosba, A. Miller, P. Saxena, E. Shi, and E. Gün. On scaling decentralized blockchains. In *3rd Workshop on Bitcoin and Blockchain Research, Financial Cryptography 16*, 2016. DOI: 10.1007/978-3-662-53357-4_8.

[51] C. Decker and R. Wattenhofer. Information propagation in the bitcoin network. In *Peer-to-Peer Computing (P2P), 13th International Conference on*, pages 1 – 10. IEEE, 2013. DOI: 10.1109/p2p.2013.6688704.

[52] X. Défago, A. Schiper, and P. Urbán. Total order broadcast and multicast algorithms: Taxonomy and survey. *ACM Computing Surveys (CSUR)*, 36(4):372 – 421, 2004. DOI: 10.1145/1041680.1041682.

[53] W. Dei. B-money. http://www.weidai.com/bmoney.txt

[54] C. Delporte-Gallet, S. Devismes, H. Fauconnier, F. Petit, and S. Toueg. With finite memory consensus is easier than reliable broadcast. In *International Conference on Principles of Distributed Systems*, pages 41 – 57. Springer, 2008. DOI: 10.1007/978-3-540-92221-6_5.

[55] T. Dierks and E. Rescorla. The transport layer security (TLS) protocol, version 1.2. RFC 5246 (proposed standard), 2008. Updated by RFCs 5746, 5878, 6176, 7465, 7507, 7568, 7627, 7685. DOI: 10.17487/rfc5246.

[56] Dogecoin community. Dogecoin reference implementation. github.com/dogecoin/dogecoin

[57] D. Dolev. Unanimity in an unknown and unreliable environment. In *Foundations of Computer Science, 22nd Annual Symposium on, (SFCS'81)*, pages 159 – 168. IEEE, 1981. DOI: 10.1109/sfcs.1981.53.

[58] D. Dolev, C. Dwork, and L. Stockmeyer. On the minimal synchronism needed for distributed consensus. Volume 34, pages 77 – 97. ACM, 1987. DOI: 10.1145/7531.7533.

[59] D. Dolev, M. J. Fischer, R. Fowler, N. A. Lynch, and H. R. Strong. An efficient algorithm for byzantine agreement without authentication. Volume 52, pages 257 – 274, 1982. DOI: 10.1016/s0019−9958(82)90776−8.

[60] J. R. Douceur. The sybil attack. In *International Workshop on Peer-to-peer Systems*, pages 251 – 260. Springer, 2002. DOI: 10.1007/3−540−45748−8_24.

[61] A. Doudou, B. Garbinato, and R. Guerraoui. Encapsulating failure detection: From crash to byzantine failures. In *International Conference on Reliable Software Technologies*, pages 24 – 50. Springer, 2002. DOI: 10.1007/3−540−48046−3_3.

[62] C. Dwork, N. Lynch, and L. Stockmeyer. Consensus in the presence of partial synchrony. Volume 35, pages 288 – 323. ACM, 1988. DOI: 10.1145/42282.42283.

[63] C. Dwork and M. Naor. Pricing via processing or combatting junk mail. In *Annual International Cryptology Conference*, pages 139 – 147. Springer, 1992. DOI: 10.1007/3−540−48071−4_10.

[64] Z. electric coin company. Zcash homepage. https://z.cash/

[65] S. Eskandari, D. Barrera, E. Stobert, and J. Clark. A first look at the usability of bitcoin key management. In *Workshop on Usable Security (USEC)*, 2015. DOI: 10.14722/usec.2015.23015.

[66] Ethereum community. Ethereum: A secure decentralised generalised transaction ledger. https://github.com/ethereum/yellowpaper

[67] I. Eyal. The miner's dilemma. In *Security and Privacy (SP), Symposium on*, pages 89 – 103. IEEE, 2015. DOI: 10.1109/sp.2015.13.

[68] I. Eyal, A. E. Gencer, E. G. Sirer, and R. van Renesse. Bitcoin−ng: A scalable blockchain protocol. In *13th USENIX Security Symposium on Networked Systems Design and Implementation(NSDI'16)*. USENIX Association, 2016.

[69] I. Eyal and E. G. Sirer. Majority is not enough: Bitcoin mining is vulnerable. In

Financial Cryptography and Data Security, pages 436‒454. Springer, 2014. DOI: 10.1007/978‒3‒662‒45472‒5_28.

[70] H. Finney. Reusable proofs of work (RPOW). http://web.archive.org/web/20071222072154/http://rpow.net/, 2004.

[71] M. J. Fischer. The consensus problem in unreliable distributed systems (a brief survey). In *International Conference on Fundamentals of Computation Theory*, pages 127‒140. Springer, 1983. DOI: 10.1007/3‒540‒12689‒9_99.

[72] M. J. Fischer and N. A. Lynch. A lower bound for the time to assure interactive consistency. Volume 14, 1982. DOI: 10.1016/0020‒0190(82)90033‒3.

[73] M. J. Fischer, N. A. Lynch, and M. S. Paterson. Impossibility of distributed consensus with one faulty process. Volume 32, pages 374‒382. ACM, 1985. DOI: 10.1145/3149.214121.

[74] Y. Frankel and M. Yung. Escrow encryption systems visited: Attacks, analysis and designs. In *Annual International Cryptology Conference*, pages 222‒235. Springer, 1995. DOI: 10.1007/3‒540‒44750‒4_18.

[75] R. Fuzzati. A formal approach to fault tolerant distributed consensus. Ph.D. thesis, EPFL, 2008.

[76] J. Garay, A. Kiayias, and N. Leonardos. The bitcoin backbone protocol: Analysis and applications. In *Advances in Cryptology-EUROCRYPT*, pages 281‒310. Springer, 2015. DOI: 10.1007/978‒3‒662‒46803‒6_10.

[77] J. A. Garay, A. Kiayias, and N. Leonardos. The bitcoin backbone protocol with chains of variable difficulty. http://eprint.iacr.org/2016/1048.pdf, 2016.

[78] F. C. Gärtner. Fundamentals of fault‒tolerant distributed computing in asynchronous environments. *ACM Computing Surveys (CSUR)*, 31(1):1‒26, 1999. DOI: 10.1145/311531.311532.

[79] A. Gervais, G. O. Karame, K. Wüst, V. Glykantzis, H. Ritzdorf, and S. Capkun. On the security and performance of proof of work blockchains. https://eprint.iacr.org/2016/555.pdf, 2016. DOI: 10.1145/2976749.2978341.

[80] A. Gervais, H. Ritzdorf, G. O. Karame, and S. Capkun. Tampering with the delivery of blocks and transactions in bitcoin. In *Proc. of the 22nd Conference on Computer and Communications Security (SIGSAC)*, pages 692‒705. ACM, 2015. DOI: 10.1145/2810103.2813655.

[81] I. Giechaskiel, C. Cremers, and K. B. Rasmussen. On bitcoin security in the

presence of broken cryptographic primitives. In *European Symposium on Research in Computer Security(ESORICS)*, 2016. DOI: 10.1007/978−3−319−45741−3_11.

[82] J. Göbel, P. Keeler, A. E. Krzesinski, and P. G. Taylor. Bitcoin blockchain dynamics: The selfish−mine strategy in the presence of propagation delay. http://arxiv.org/pdf/1505.05343.pdf, 2015. DOI: 10.1016/j.peva.2016.07.001.

[83] B. Groza and B. Warinschi. Cryptographic puzzles and dos resilience, revisited. *Designs, Codes and Cryptography*, 73(1):177−207, 2014. DOI: 10.1007/s10623−013−9816−5.

[84] R. Guerraoui, N. Knežević, V. Quéma, and M. Vukolić. The next 700 BFT protocols. In *Proc. of the 5th European conference on Computer systems*, pages 363−376. ACM, 2010. DOI: 10.1145/1755913.1755950.

[85] V. Hadzilacos and S. Toueg. A modular approach to fault−tolerant broadcasts and related problems. Technical Report 94−1425, Cornell University, 1994.

[86] D. Hankerson, A. J. Menezes, and S. Vanstone. *Guide to Elliptic Curve Cryptography*. Springer Science and Business Media, 2006. DOI: 10.1007/b97644.

[87] E. Heilman, A. Kendler, A. Zohar, and S. Goldberg. Eclipse attacks on bitcoin's peer−topeer network. In *24th Security Symposium (USENIX Security 15)*, pages 129−144, 2015.

[88] M. Herlihy. Wait−free synchronization. Volume 13, pages 124−149. ACM, 1991. DOI: 10.1145/114005.102808.

[89] J. Hoffstein, J. Pipher, J. H. Silverman, and J. H. Silverman. *An Introduction to Mathematical Cryptography*, Volume 1. Springer, 2008. DOI: 10.1007/978−1−4939−1711−2.

[90] H. Ishii and R. Tempo. Las vegas randomized algorithms in distributed consensus problems. In *American Control Conference*, pages 2579−2584. IEEE, 2008. DOI: 10.1109/acc.2008.4586880.

[91] J. Katz and Y. Lindell. *Introduction to Modern Cryptography*. CRC Press, 2014.

[92] A. Kiayias and G. Panagiotakos. Speed−security tradeoffs in blockchain protocols. https://eprint.iacr.org/2015/1019.pdf, 2015.

[93] A. Kiayias, A. Russell, B. David, and R. Oliynykov. Ouroboros: A provably secure proofof−stake blockchain protocol. https://pdfs.semanticscholar.org/1c14/

549f7ba7d6a000d79a7d12255eb11113e6fa.pdf, 2016.

[94] K. P. Kihlstrom, L. E. Moser, and P. M. Melliar-Smith. The securering group communication system. *ACM Transactions on Information and System Security (TISSEC)*, 4(4):371–406, 2001. DOI: 10.1145/503339.503341.

[95] K. P. Kihlstrom, L. E. Moser, and P. M. Melliar-Smith. Byzantine fault detectors for solving consensus. *The Computer Journal*, Volume 46, pages 16–35. Br Computer Soc., 2003. DOI: 10.1093/comjnl/46.1.16.

[96] S. King and S. Nadal. Ppcoin: Peer-to-peer crypto-currency with proof-of-stake. https://peercoin.net/assets/paper/peercoin-paper.pdf, 2012.

[97] R. Kotla, L. Alvisi, M. Dahlin, A. Clement, and E. Wong. Zyzzyva: Speculative byzantine fault tolerance. In *Operating Systems Review (SIGOPS)*, Volume 41, pages 45–58. ACM, 2007. DOI: 10.1145/1323293.1294267.

[98] K. Krombholz, A. Judmayer, M. Gusenbauer, and E. Weippl. The other side of the coin: User experiences with bitcoin security and privacy. In *International Conference on Financial Cryptography and Data Security (FC)*, 2, 2016.

[99] L. Lamport. The weak byzantine generals problem. Volume 30, pages 668–676. ACM, 1983. DOI: 10.1145/2402.322398.

[100] L. Lamport. Using time instead of timeout for fault-tolerant distributed systems. Volume 6, pages 254–280. ACM, 1984. DOI: 10.1145/2993.2994.

[101] L. Lamport, R. Shostak, and M. Pease. The byzantine generals problem. Volume 4, pages 382–401. ACM, 1982. DOI: 10.1145/357172.357176.

[102] Y. Lewenberg, Y. Bachrach, Y. Sompolinsky, A. Zohar, and J. S. Rosenschein. Bitcoin mining pools: A cooperative game theoretic analysis. In *Proc. of the International Conference on Autonomous Agents and Multiagent Systems*, pages 919–927. International Foundation for Autonomous Agents and Multiagent Systems, 2015.

[103] E. Lombrozo, J. Lau, and P. Wuille. Bitcoin improvement proposal 141 (bip141): Segregated witness (consensus layer). https://github.com/bitcoin/bips/blob/master/bip-0141.mediawiki

[104] L. Luu, J. Teutsch, R. Kulkarni, and P. Saxena. Demystifying incentives in the consensus computer. In *Proc. of the 22nd Conference on Computer and Communications Security (SIGSAC)*, pages 706–719. ACM, 2015. DOI: 10.1145/2810103.2813659.

[105] D. Malkhi and M. Reiter. Unreliable intrusion detection in distributed computations. In *Proc. of the 10th Computer Security Foundations Workshop*, pages 116–124. IEEE, 1997. DOI: 10.1109/csfw.1997.596799.

[106] A. J. Menezes, P. C. Van Oorschot, and S. A. Vanstone. *Handbook of Applied Cryptography*. CRC Press, 1996. DOI: 10.1201/9781439821916.

[107] R. C. Merkle. A digital signature based on a conventional encryption function. In *Conference on the Theory and Application of Cryptographic Techniques*, pages 369–378. Springer, 1987. DOI: 10.1007/3-540-48184-2_32.

[108] A. Miller and L. JJ. Anonymous byzantine consensus from moderately-hard puzzles: A model for bitcoin. https://socrates1024.s3.amazonaws.com/consensus.pdf, 2014.

[109] A. Miller, A. Kosba, J. Katz, and E. Shi. Nonoutsourceable scratch-off puzzles to discourage bitcoin mining coalitions. In *Proc. of the 22nd Conference on Computer and Communications Security (SIGSAC)*, pages 680–691. ACM, 2015. DOI: 10.1145/2810103.2813621.

[110] A. Miller, J. Litton, A. Pachulski, N. Gupta, D. Levin, N. Spring, and B. Bhattacharjee. Discovering bitcoin's public topology and influential nodes. http://cs.umd.edu/projects/coinscope/coinscope.pdf, 2015.

[111] A. Miller, Y. Xia, K. Croman, E. Shi, and D. Song. The honey badger of BFT protocols. https://eprint.iacr.org/2016/199.pdf, 2016.

[112] H. Miranda, A. Pinto, and L. Rodrigues. Appia, a flexible protocol kernel supporting multiple coordinated channels. In *Distributed Computing Systems, 21st International Conference on*, pages 707–710. IEEE, 2001. DOI: 10.1109/icdsc.2001.919005.

[113] H. Moniz, N. F. Neves, M. Correia, and P. Verissimo. Experimental comparison of local and shared coin randomized consensus protocols. In *25th Symposium on Reliable Distributed Systems (SRDS'06)*, pages 235–244. IEEE, 2006. DOI: 10.1109/srds.2006.19.

[114] M. Möser, I. Eyal, and E. G. Sirer. Bitcoin covenants. In *Proc. of the 20th International Conference on Financial Cryptography (FC'16)*, 2016. DOI: 10.1007/978-3-662-53357-4_9.

[115] A. Mostéfaoui and M. Raynal. Solving consensus using chandra-toueg's unreliable failure detectors: A general quorum-based approach. In *International Symposium on Distributed Computing*, pages 49–63. Springer, 1999. DOI:

10.1007/3−540−48169−9_4.

[116] A. Mostefaoui, M. Raynal, and F. Tronel. From binary consensus to multivalued consensus in asynchronous message−passing systems. *Information Processing Letters*, 73(5−6):207−212, 2000. DOI: 10.1016/s0020−0190(00)00027−2.

[117] S. Nakamoto. Bitcoin: A peer−to−peer electronic cash system. https://bitcoin.org/bitcoin.pdf, 2008.

[118] Namecoin community. Bitcoin wiki—merged mining. https://en.bitcoin.it/wiki/Merged_mining_specification

[119] A. Narayanan, J. Bonneau, E. Felten, A. Miller, and S. Goldfeder. Bitcoin and cryptocurrency technologies. https://d28rh4a8wq0iu5.cloudfront.net/bitcointech/readings/princeton_bitcoin_book.pdf?a=1, 2016.

[120] K. Nayak, S. Kumar, A. Miller, and E. Shi. Stubborn mining: Generalizing selfish mining and combining with an eclipse attack. In *1st European Symposium on Security and Privacy*, IEEE, 2016. DOI: 10.1109/eurosp.2016.32.

[121] NIST. FIPS 180−4: Secure hash standard (SHS), 2012.

[122] K. Okupski. Bitcoin protocol specification. https://github.com/minium/Bitcoin−Spec

[123] R. Pass, L. Seeman, and A. Shelat. Analysis of the blockchain protocol in asynchronous networks. http://eprint.iacr.org/2016/454.pdf, 2016. DOI: 10.1007/978−3−319−56614−6_22.

[124] R. Pass and E. Shi. Fruitchains: A fair blockchain. http://eprint.iacr.org/2016/916.pdf, 2016.

[125] R. Pass and E. Shi. Hybrid consensus: Scalable permissionless consensus. https://eprint.iacr.org/2016/917.pdf, 2016.

[126] M. Pease, R. Shostak, and L. Lamport. Reaching agreement in the presence of faults. Volume 27, pages 228−234. ACM, 1980. DOI: 10.1145/322186.322188.

[127] C. Percival. Stronger key derivation via sequential memory−hard functions. http://www.bsdcan.org/2009/schedule/attachments/87_scrypt.pdf, 2009.

[128] D. Project. Dogecoin homepage. https://dogecoin.com/

[129] L. Project. Litecoin. https://litecoin.org/

[130] M. O. Rabin. Randomized byzantine generals. In *Foundations of Computer Science, 24th Annual Symposium on*, pages 403−409. IEEE, 1983. DOI: 10.1109/

sfcs.1983.48.

[131] M. K. Reiter. A secure group membership protocol. Volume 22, page 31, 1996. DOI: 10.1109/32.481515.

[132] A. M. Ricciardi. The group membership problem in asynchronous systems, Ph.D. thesis, Cornell University, 1992.

[133] Ripple. Ripple homepage. https://ripple.com/

[134] M. Rosenfeld. Analysis of hashrate−based double spending. http://arxiv.org/abs/1402.2009, 2014.

[135] A. Sapirshtein, Y. Sompolinsky, and A. Zohar. Optimal selfish mining strategies in bitcoin. http://arxiv.org/pdf/1507.06183.pdf, 2015.

[136] F. B. Schneider. Implementing fault−tolerant services using the state machine approach: A tutorial. Volume 22, pages 299−319. ACM, 1990. DOI: 10.1145/98163.98167.

[137] O. Schrijvers, J. Bonneau, D. Boneh, and T. Roughgarden. Incentive compatibility of bitcoin mining pool reward functions. In *Proc. of the 20th International Conference on Financial Cryptography (FC'16)*, 2016.

[138] A. Shamir. How to share a secret. Volume 22, pages 612−613. ACM, 1979. DOI: 10.1145/359168.359176.

[139] Y. Sompolinsky and A. Zohar. Accelerating bitcoin's transaction processing. Fast money grows on trees, not chains. *IACR Cryptology ePrint Archive*, page 881, 2013.

[140] Y. Sompolinsky and A. Zohar. Secure high−rate transaction processing in bitcoin. In *Financial Cryptography and Data Security*, pages 507−527. Springer, 2015. DOI: 10.1007/978−3−662−47854−7_32.

[141] Y. Sompolinsky and A. Zohar. Bitcoin's security model revisited. http://arxiv.org/pdf/1605.09193, 2016.

[142] D. Stebila, L. Kuppusamy, J. Rangasamy, C. Boyd, and J. G. Nieto. Stronger difficulty notions for client puzzles and denial−of−service−resistant protocols. In *Cryptographers Track at the RSA Conference*, pages 284−301. Springer, 2011. DOI: 10.1007/978−3−642−19074−2_19.

[143] T. Swanson. Consensus−as−a−service: A brief report on the emergence of permissioned, distributed ledger systems. http://www.ofnumbers.com/wp-content/uploads/2015/04/Permissioned−distributed−ledgers.pdf, 2015.

[144] N. Szabo. Shelling out: The origins of money. http://nakamotoinstitute.org/shelling-out/, 2002. Accessed: 2017-06-09.

[145] S. Toueg. Randomized asynchronous byzantine agreements. In *Proc. of the 3rd Annual Symposium on Principles of Distributed Computing*, pages 163-178. ACM, 1984. DOI: 10.1145/800222.806744.

[146] P. Veríssimo. Uncertainty and predictability: Can they be reconciled? In *Future Directions in Distributed Computing*, pages 108-113. Springer, 2003. DOI: 10.1007/3-540-37795-6_20.

[147] M. Vukolić. The quest for scalable blockchain fabric: Proof-of-work vs. BFT replication. In *International Workshop on Open Problems in Network Security*, pages 112-125. Springer, 2015. DOI: 10.1007/978-3-319-39028-4_9.

[148] M. Vukolić. Eventually returning to strong consistency. https://pdfs.semanticscholar.org/a6a1/b70305b27c556aac779fb65429db9c2e1ef2.pdf, 2016.

| 찾아보기 |

에이콘출판의 기틀을 마련하신 故 정완재 선생님 (1935-2004)

블록체인 개념구축

비트코인, 암호화폐 그리고 그 합의 방식 소개

발 행 | 2018년 4월 30일

지은이 | 알조사 주드마이어 · 니콜라스 스티프터 · 카타리나 크롬홀츠 · 에드가 웨이플
옮긴이 | CRAS 금융경제 연구소

펴낸이 | 권 성 준
편집장 | 황 영 주
편 집 | 조 유 나
디자인 | 박 주 란

에이콘출판주식회사
서울특별시 양천구 국회대로 287 (목동)
전화 02-2653-7600, 팩스 02-2653-0433
www.acornpub.co.kr / editor@acornpub.co.kr

한국어판 ⓒ 에이콘출판주식회사, 2018, Printed in Korea.
ISBN 979-11-6175-149-8
ISBN 978-89-6077-449-0 (세트)
http://www.acornpub.co.kr/book/blocks-chains

이 도서의 국립중앙도서관 출판시도서목록(CIP)은 서지정보유통지원시스템 홈페이지(http://seoji.nl.go.kr)와
국가자료공동목록시스템(http://www.nl.go.kr/kolisnet)에서 이용하실 수 있습니다.(CIP제어번호: CIP2018012360)

책값은 뒤표지에 있습니다.